大学力アップ　〝珠玉の方法〟

まえがき

大学は、国公立大学と私立大学、研究大学と教育大学、大規模大学と中・小規模大学などに分類することができ、そのポジショニングによって抱える課題はさまざまである。偏差値が55以下の私立大学は〝教育大学〟と言ってよいであろう。少し下位の大学になると定員割れが深刻である。

本書は（私立）教育大学の抱える様々な課題の中で、特に重要と思われる5つを取り上げ筆者の経験を踏まえたノウハウをまとめたものである。課題を挙げることはできても、それを実行に移すとすぐに大きな壁にぶち当たる。タイトルに〝実践〟と謳っているのは、そのうまくいかないことも含め、実際の取り組みを本音で語ることを意味する。

第Ⅰ部は経営ビジョンを例にとり、大学の組織について述べる。財務と人事についてはどの大学においても共通する課題であることから、アクションプランの例までを詳述した。

第Ⅱ部は中退予防である。本書の中で最も記述量が多い。中退予防はさまざまな点で大学全体の質向上に大きく寄与するからである。ここでは、中退予防に有効なすぐに着手可能な施策を提示している。この部分だけ読んだらすぐに実行して欲しい。

第Ⅲ部は3つの章から構成されている。一つ目は入試。筆者が前職の大学で入試センター長を務めた時の留意点などをまとめた。二つ目は自校教育についてである。不本意入学者で満ち溢れているのは多くの大学で共通している。しかし何かの縁で入学してきた学生には、自校を好きになって欲しいと大学側は願っている。そのために開講した授業の実践の記録である。三つ目は障害者支援である。平成28年4月から「障害者差別解消法」が施行された。各大学ともどのように対応するか手探りの状態であろう。前職の大学で教育・学習支援部門長としてこの施行に向けてどのように対処したかをまとめた。

本書は教育大学の抱える課題について述べたが、多くは総ての大学に共通する問題を内包している。大学の経営、教育に携わる方々の参考となれば幸いである。

目　次

第Ⅰ部　重要なことはコレ　実践！経営課題の遂行

―大学の経営ビジョンを例に―

1　はじめに

多くの大学は、経営母体である学校法人の理事長と教育・研究を担う学長の下に組織が構成されている。

学校教育法第83条に「大学は、学術の中心として、広く知識を授けるとともに、深く専門の学芸を教授研究し、知的、道徳的及び応用的能力を展開させることを目的とする」とあり、さらに「大学は、その目的を実現するための教育研究を行い、その成果を広く社会に提供することにより、社会の発展に寄与するものとする」とある。すなわち、大学の使命は、教育、研究、社会貢献である。その使命を全うするため、各大学では現在置かれている現状を踏まえ、将来の発展に向けたビジョンを作り、その実現のための諸施策に取り組んでいる。

ビジョンには経営側が作る経営ビジョンと教学側が作る教学ビジョンがある。この経営ビジョンと教学ビジョンは重なる部分もあるが、本来、視点が異なる。教学ビジョンを実現するための施策は経営側の支援がなければ動かない。一方、経営ビジョンで提示する方向に大学の舵を切るには、教学側のその方向に沿った取り組みが必要となる。大学の使命は、主に教学側が主体となって応える事項という意味で表側にあり、教学ビジョンの方が一般に分かりやすい。

本章では、裏側にあるという意味で見えにくい経営ビジョンを取り上げ、経営課題を遂行する上で重要なことは何かについて議論する。

2　大学のビジョンとは

大学のビジョンとは、「建学の理念を柱とした高等教育機関としての将来展望を明らかにし、現状を踏まえて大学が健全に発展するための実現策を経営の視点から描くこと」である。前半の〝建学の理念を柱とした高等教育機関としての将来展望を明らかにし〟は主に教学ビジョンが担務する。それと連動し、後半の〝現状を踏まえて大学が健全に発展するための実現策を経営の視点から描くこと〟が経営ビジョンの主な守備範囲である。（図Ⅰ−1）

私学の特異性は建学の理念にある。目指すべき人間像はどの大学でも概ね同様である。富士山に登る時、その登り口に御殿場口、須走口、富士宮口があるように、目指すべき人間像に辿り着くその道筋が建学の理念によって異なるのである。大学のブランド力向上に向けた様々

経営ビジョン／教育ビジョン

建学の理念を柱とした高等教育機関としての将来展望を明らかにし（教育ビジョン）
現状を踏まえて本学が健全に発展するための実現策を経営の視点から描くこと（経営ビジョン）。

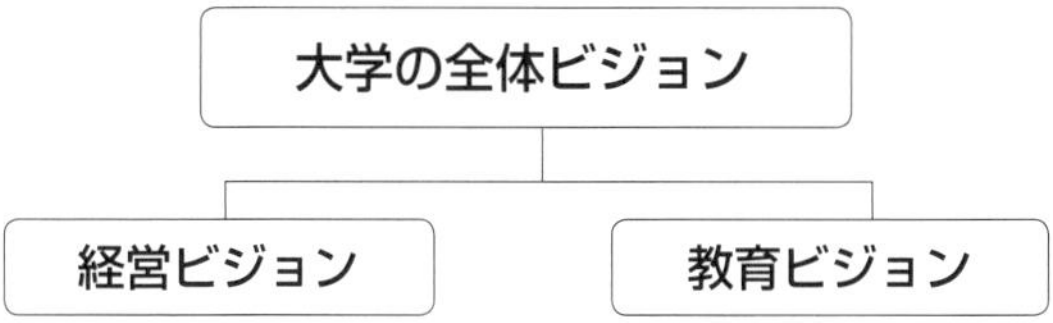

（図Ⅰ−1）

な取り組みも結局のところ、この創立者の建学の理念に行き着く。

経営ビジョンが絵に描いた餅となることがままある。立派な経営ビジョンも具体的なアクションに至らなければ全く意味をなさない。大学という組織は企業とはまた違う独特の文化があり、具体的なアクションを引き起こすための具体的な項目と仕掛けが重要となる。

図Ⅰ–2に経営ビジョンの構成例を示した。

第一部の総論では、このビジョンの位置づけ、ビジョンで実現する目標とそのための大きな課題と施策についてまとめる。第二部では、主要課題とそれを解決するための施策の詳細を明らかにする。ここでは担当する部局（室・部・課など）が強く意識されている。そして第三部は絵に描いた餅にしないための具体的なアクションに向けた施策の実施計画である。

3　建学の理念

ビジョンの根底には建学の理念がある。大半の大

経営ビジョンの構成例

第一部　総論

- 大学を取り巻く環境
- 本学の課題／施策
- 施策の主要課題

第二部　主要課題／施策の詳細

- 主要課題項目
- 具体的な施策項目
- 留意項目、評価基準項目　など

第三部　主要課題／施策の実施案

- 実施項目、目標値
- 実施の手順
- スケジュール、評価方法　など

（図Ⅰ－2）

学ではこの理念が既に明定されている。しかし、この大切な理念は本来どうあるべきかについての議論はあまり聞かない。ここでは建学の理念について一度考えてみたい。

筆者の勤務していた大学は１９２７年に有元史郎によって創立された。福沢諭吉、大隈重信のような著名人ではない。著名な創立者については多くの研究論文、著作物が出ており、明解な建学の理念が広く共有されている。

有元の著作物には、教育に対する様々な思いが語られているが、いわゆる〝建学の理念〟としてまとまった記述がない。有元の着眼点は、「工学をもって学園の柱とし、工学をもって国と地球、人類に貢献する」であって、現在もそれは脈々と生きている。

有元は「學校教育の任務は、我等の生活を、社会的個人としての我等の生活を、より良くし、より意義あるものとするところに深き意義を有ってゐる。我等の社会生活に交渉を有たざる純學問的修養は、少なくとも専門教育に於いて意義をなさない(1)。」とし、実学指向により工業分野で技術者・研究者を輩出することを目指した。そしてそのためには、「新教育の主張の要點は、教育を受ける者が自分で自分を教育すると云ふやうに仕向けていくこと、簡単に云えば、自己教育と云ふことである。人間には自分で自分を支配する力が生まれながら具はってをるものであるが、教育は此天性に基いて學生が自ら學習し自ら修養するやうに導くべきであると云ふのである(2)。」として能動的学習／主体的学習の重要性を謳っている(*)。

＊近年、大学教育におけるアクティブラーニングの重要性が指摘され、それを取り入れた授業が広く行われるようになってきている。有元はその重要性を80年以上も前に指摘していたのである。

大学の中には、〝技術者〟という言葉に抵抗感を持つ人たちがいる。技術者という言葉に工員、あるいは作業者というイメージを抱くのかもしれない。このことが、建学の理念を有元の言葉で語ることができなかった理由の一つでもあろう。

有元史郎に関するアカデミックな立場での研究論文はない。そこで技術史・教育史の研究者である宇都宮大学の丸山剛史准教授に有元史郎についての研究を依頼した。その報告書には、1927年に東京高等工商学校として開校し、その後学制改革により、1949年に芝浦工業大学となったが、芝浦工業大学学則第一条は、「学術の中心として深く工学の研究を行い世界文化に貢献し併せて広く一般の学術教養と専門の工業教育を施すことに依り、学生をして人格を陶冶し学理を極めしめ、以って優秀なる技術者を育成する事を目的とする。而してその実践と応用により将来工業界の指導者たらしむるを使命とする。」であり、大学は「優秀なる技術者の育成」を目的としており、設置要綱および学則にこのことを明記した大学は他にない。これこそが芝浦工業大学のアイデンティティである、と結論づけた。

近年になって、「社会に学び社会に貢献する技術者の育成」を建学の理念とする、と大学としてオーソライズされたが、本学がスーパーグローバル大学創成支援事業（ＳＧＵ）に採択されたのを機に、「世界に学び世界に貢献する技術者の育成」と〝社会〟を〝世界〟に読み替えるようになった。

筆者は、建学の理念は創立者の言葉であるべきで、もしそれが難しければできるだけその意を汲んだ原点に近い言葉、例えばこの学則第一条を建学の理念とすべきと考えている。そして、その原点の言葉を、社会の情勢や進展に合わせて解釈するのがよい。建学の理念は不変であることが大切であると考えるからである。

建学の理念は大学のあらゆる起点である。変えてはいけないこと、変えてもよいことをしっかりと押さえ、皆が理念を共有し活用することが大切であろう。

（1）『校友会雑誌』第5号（昭和6年12月）
（2）『校友会雑誌』第3号（昭和4年12月）

4　現状認識

経営ビジョンの実現に向けて経営の視点で諸課題を洗い出し(*)、優先順位を決めて取り組むためには、まず的確な現状認識が求められる。もちろんそれは社会環境の変化や行政機関による政策の重点化などによっても大きく左右される。しかし、大学という高等教育機関への要請は大きな括りの中でそれほど変わることはない。

＊現状認識においては教学の視点と重なる項目が多々存在するが、それに対処するための施策では方向性や具体策が異なってくる。

筆者の考える重要な5項目は以下の通りである。（図Ⅰ-3）

⑴入試と就職
⑵教育・研究における質の保証
⑶行政機関の政策に呼応した事業展開
⑷知の公開
⑸コンプライアンスの徹底

⑴「入試と就職」は、アドミッションポリシーとディプロマポリシーにリンクしているという意味では建学の理念が強く反映される。受験者の最も高い関心事項である。具体的には入試における応募者数や実質の合格率、就職における就職率と就職先について他大学と比較するなど現状を冷厳に分析し自校の置かれている位置を正

大学の現状を認識するための５項目
⑴ 入試と就職
⑵ 教育・研究における質の保証
⑶ 行政機関の政策に呼応した事業展開
⑷ 知の公開
⑸ コンプライアンスの徹底

（図Ⅰ－3）

確に把握することが必要である。

定員割れをしている大学では、ビジョンのコアとなる項目に定員数の確保が謳われるであろう。ゆとりのある大学は、ビジョンの中で私学としての個性や特色を鮮明に打ち出し、それを受験者獲得のキーとしている。

就職では就職率と就職先の一覧が必要である。教育大学では大手企業への就職が評価されるのに対し、研究大学では大学院への進学率やベンチャーの起業が評価される場合が多い。（図Ⅰ-4）

⑵「教育・研究における質の保証」は、大学の本質に関わるもっとも中心となる事項である。しかし、何をもって教育・研究の質を保証する評価項目とするかは難しい。それがどのように質保証につながっているかの構造やストーリーが見えないからである。それは、単純に量的な捉え方では見えない教育の本質が裏に潜んでいるからである。

・教員一人当たりの学生数
・外国人教員比率
・女性教員比率
・研究教育費比率
・他大学との連携

・教員の論文執筆数
・競争的外部資金の獲得額
・大学院進学率
・留学生数
・学生の留学者数
・授業の学生評価
・健康相談室の設置状況
・障害者の受け入れ状況
・学生一人あたりのＰＣ数
・図書館の蔵書数
・中退率
・留年率
・ＴＯＥＩＣの平均得点
・学習サポート室の利用状況
・図書館の利用状況
・課外活動の活動状況、など。
大学のビジョンである以上、そのビジョンは必ず教

現状認識 (1) 入試と就職

■建学の理念を反映したアドミッションポリシーとディプロマポリシー

■入試

応募者数、実質合格率、偏差値の他大学との比較。

・定員割れをしている大学：定員数の確保に向けた多様な公募。
・ゆとりのある大学：私学としての個性・特色を鮮明にしてアピール。

■就職

就職率、就職先一覧の他大学との比較。

・教育大学では大手企業への就職が評価。
・研究大学では大学院への進学率やベンチャーの起業が評価。

（図Ｉ－４）

育・研究の質向上につながっている。一方で、教育・研究の質保障に関してどの指標で何を評価するかが明確ではない。したがって、大学の本質に関わる極めて大切な⑵が、認証評価であったりＪＡＢＥＥの導入など、外部の制度で代替しているのが現状である。

本項目については、自校の売りを明定しその指標に特化した比較分析があってもよいし、それぞれの大学で自校に相応しい評価尺度を新たに作ることも必要と思われる。そしてそれが自校の大学を変える大きな起点としてビジョンの中で具体化される。（図Ⅰ－5）

⑶「行政機関の政策に呼応した事業展開」は余剰な資金を持たない大学が新たな取り組みをする時の起爆剤として、近年特にその活用が重要となっている。その結果、行政機関が公募する事業プログラムの獲得数が、その大学のアクティビティの指標ともなっている。

今出来ていないことを将来新たに実現することがビ

現状認識　⑵ 教育・研究における質の保証

■教育・研究の質を保証する評価項目は明定されていない：
自校の特長が出る評価項目の設定
■量的な捉え方では見えない教育の本質が裏に潜んでいる

【評価項目例】

・教員一人当たりの学生数	・大学院進学率	・図書館の蔵書数
・外国人教員比率	・留学生数	・中退率
・女性教員比率	・学生の留学者数	・留年率
・研究教育費比率	・授業の学生評価	・ＴＯＥＩＣの平均得点
・他大学との連携	・健康相談室の設置状況	・学習サポート室の利用状況
・教員の論文執筆数	・障害者の受け入れ状況	・図書館の利用状況
・競争的外部資金の獲得額	・学生一人あたりのＰＣ数	・課外活動の活動状況、など

（図Ⅰ－5）

ジョンである以上、事業プログラムで獲得する資金をテコにビジョンを動かすことは現実的な方策である。ただ、事業プログラムの公募は突発的であり、応募したから必ず取れるというわけでもない。事業プログラムが獲得できた時、後付けでビジョンに組み入れることが多い。

理想的には、大学の発展に向け従前から取り組んでいたビジョンの施策が公募の事業プログラムと合致する場合である。無理がなく充実した応募資料は採択される確率が高く、採択されればその獲得した資金によって、ビジョンの実現が加速されるからである。

一般に、事業プログラムは基本的に教学側が主体となって取り組むプログラムである。また、そこで与えられる資金ですべてが賄えるようにはなってはいない。自助努力が求められているし、期間限定でその期間が終了した後の展開は総て自前で推進しなければならない。経営側が人、金のリソースについてどこまで本気でバックアップするかで成否が分かれる。学長と理事長の認識が合っていない時の

現状認識 (3) 行政機関の政策に呼応した事業展開

■行政が公募する事業プログラムの獲得数はその大学のアクティビティの指標

■事業プログラムで獲得した資金をテコにビジョンを推進
・先回りをして実績を作ることが理想。

■事業プログラムは期間限定。その期間が終了後の展開は総て自前が原則
・学長と理事長の価値共有が大切。

(図Ⅰ－6)

結末は大学にとって悲惨である。（図Ⅰ–6）

(4)「知の公開」は、大学としての社会的使命であり、理工系大学とりわけその中の研究大学では技術立国の一翼を担うことが期待されている。論文数、特許取得数は指標として明解である。産学連携や地域貢献も大きな柱で、ビジョンの中で取り上げられている。

一般に新たに生じるリソースはそれほど多くはないことから、主に教学側の取り組みで実現可能である。諸外国の大学では、特許収入が大学の大きな財源となっている例があるが、日本ではまだ少なく今後の課題である。（図Ⅰ–7）

(5)「コンプライアンスの徹底」は、大学の社会性を鑑みる時、常に堅持しなければならない項目である。ビジョンの中で謳われないこともあるが、このコンプライアンスが守れなかった瞬間に大学としての信用が失われ、ビジョンも同時に失墜する。不正資金流用やハラスメント防止、個人情報や環境の保護、リスクマネ

現状認識　**(4) 知の公開**

■大学としての社会的使命

・論文数、特許取得件数はその指標。

■技術立国の一翼を担う研究大学への期待

■産学連携や地域貢献も大きな柱

（図Ⅰ－7）

ジメントなど、近年、どの大学でも厳しい管理が行われている。経営側が主管する重要事項である。

コンプライアンスで指摘されることは、通常ごく当たり前のことばかりである。したがって、多くの教職員は特に意識をすることもなく業務を遂行すればよい。しかし、時々常識を欠いた人が出てくるために、それが社会で大きな問題となる。大学はその稀に起こることに対処するため、過剰な規則や制度を導入しているようにも思える。そのことが日常業務の遂行を窮屈にし、さらに余計な仕事を作り忙しさを増加させている。余計な経費の発生も伴う。

心配すればきりがない。経営側の肝の据わり方も試される。適度なバランスが求められる。（図Ⅰ－8）

5　課題と施策

大学全体としては、新キャンパスの開設、新学部の創

現状認識　(5) コンプライアンスへの徹底

■コンプライアンスの遵守

・不正資金流用の防止。
・ハラスメント防止。
・個人情報保護。
・リスクマネジメント　など。

■過剰な規則や制度の導入による業務の煩雑化や経費の増加の懸念

■経営側の割り切り・覚悟と適度なバランスが必要

（図Ⅰ－8）

設、学部の再編、など何年かに一度の大改革がビジョンの中心となる場合がある。大改革であるから、議論は数年にもわたるのが通常である。またその場合には、当該大学の事情が色濃く反映されるので、一般論に展開するのは難しい。ここでは、経営側の視点で必ずビジョンの中で取り上げなければならない主要な事項について議論する。筆者の考える重要な5項目は以下の通りである。

（図Ⅰ−9）

(1)健全な財務
(2)適正な人事と採用計画
(3)長期展望に基づく施設整備
(4)ブランディング戦略
(5)コンプライアンスの徹底

(1)「健全な財務」は、経営として最重要事項である。大学の収入の大半は学生生徒納付金（学費）、次に国庫及び地方公共団体より交付される補助金である。支出は教職員などの人件費と教育研究活動や教育研究環境の維持・整備、それと学生生徒のキャンパスライフを支援する教育研究経費が大半を占める。大学の規模に比例する

課題と施策の５項目

(1) 健全な財務
(2) 適正な人事と採用計画
(3) 長期展望に基づく施設整備
(4) ブランディング戦略
(5) コンプライアンスの徹底

（図Ⅰ−9）

が、学生数が1万人程度の大学では年間予算が数百億円となる。学費は学期初めに納めるので、多くの大学では眠っている資金を運用している。安全性、健全性、活動性、発展性、効率性、収益性を運用の基本方針としている大学もあるが、古くはアルゼンチン債、近くではリーマンショックの時には赤字を計上し社会を騒がせたことがある。

原則、大学の収入はほぼ一定である。毎年の支出もほぼ決まっていて余剰金はほとんどない。だから、新しい講堂やセミナーハウスを建てるような大きな資金を必要とする場合は、創立何周年、というような周年事業として寄付を募りそれを充てている。

大学に大きな余剰金はないが、将来の発展に向けたビジョンを描くと、それが何であれ必ず資金が必要となる。大学の規模や文化、上に立つリーダーの思いに大きく依存することではあるが、（中規模大学を想定すると）感覚的には10年で100億円程度の資金を蓄積したい。大きな額ではあるが、毎年積み重ねてきた大きな資産を持つのが大学であり、その減価償却費なども考慮すればあながち無理な額ではないと考えられる。

健全な財務は、ビジョンを成功に導く一番の鍵である。

(2)「適正な人事と採用計画」は、一番厄介な課題である。組織の構成員が全員満足する人事政策、適材適所の配置など存在しないからである。

教員の採用や昇格などは主に教学側の専担事項である。教育、研究が大きな評価事項となるからである。経営側に求められるのは主に教員の数についてである。当然、教育の観点から教員数をできるだけ多くすることが望ましいが、経営上多くの教員を雇用することは難しい。私学ではどの大学でも基本的に大学設置基準で定められた最低限の教員数を大幅に超えることはない。それでも教学側から、様々な理由で増員の要請が後を絶たない。

筆者が人事担当の常務理事を務めていた時、この増員要求に対処するため、教員一人当たりの平均給与を算出して総予算を提示し、その中で給与と教員数を決める裁量権を、教員採用時の発議元である学科に与えることとした。教員に対する人件費総額は変えずに、教員数を当該学科の裁量で増やすことができるようにしたのである。例えば、平均給与を12百万円とし、一人の欠員が生じた時それをどのような形で教員を雇用するかは当該学科で決める。具体的には、もし一人12百万円なら1人、6百万円とすれば2人、4百万円とすれば3人の教員を雇用することが可能になる。私が常務理事在任中、教員の増員に関する要請はほとんど解消されたが、一方で、この裁量権を使って教員を増やした学科は皆無であった。仲間内で給与に差を付けることは現実には抵抗があったからであろう。

教員は一国一城の主のようなところがあって、一度雇用すればなかなかコントロールするのが難しい。一方、職員は配置転換や昇格などの権限が法人側にあり、比較的コントロールが効きやすい。それだけに、職員の人事を司る担当者には、大学の事情や現実の状況を十分把握し、日頃からコミュニケーションを図ることが求められる。業務の現場に精通していることが人事担当者に求められる必須条件である。

大学は学生がお客様である。その意味で大学においては学生と最も接する機会の多い学生課が業務の中心にあるべきと考える。しかし往々にして、日常、法人の近くにいる総務や企画などが重用されることが多い。うまく回っている大学は学生課が生き生きしている。学生が学生課を頼りにしている。

大学には学校教育法に基づく通常の業務があり、その上でビジョンは回る。従って、日常業務に必要な人の配置が大きく変わることはないが、ビジョンに基づく一人、二人の異動はビジョンがどこに重点化しているかを如実に示す。

大学は人材依存度の極めて高い業種である。単に研究能力が高いだけの教員は、教育大学にとって適材とは言えない。学生の面倒を見ることも重要な仕事だからである。しかし、研究能力はその業績から比較的容易に読み取ることができても、授業能力や学生への対応能力を見極めることは難しい。採用面接で模擬授業を課する大学もある。声が大きい、ハキハキしているということで採用したが、その大学に必ずしも合ってはいなかった、という例も聞く。

私学では特に自校出身者をどの程度採用するかも考慮する必要がある。自校出身の教員は自校文化の良い体現者として学生たちの範になることが期待できるからである。一方で、自校出身者で固めた純血主義大学には種々の問題が生まれていると聞く。適度なバランスが必要である。自学の特性を考え、教員構成のグラウンドデザインが求められる。

近年、ダイバーシティの重要性が指摘され、大学にもその要請がある。大学は人材依存度の高い業種であり、多様な採用方法を導入し、大学に相応しい人材を確保することが必要である。

人事でもう一つ大切なことは、教員と職員が一体となって大学の事業を回すことである。少し古い大学では、教員が職員の上であるかのような文化のあるところがある。それぞれが役割を分担しながら両者がシナジー効果を発揮できなければ、大きなビジョンを実現することはできない。

(3)「長期展望に基づく施設整備」は、経営側の大きな施策項目である。キャンパスの各種施設や厚生施設の整備に関する中長期計画の策定は経営ビジョンの柱である。周到な財務計画の下で、何をいつどのような規模で整備するかについては経営側のセンスが問われる。多額の予算を使うこともあるが、借金を次の世代に先送りすることをしてはならない。またその施設の利用者である学内構成員のコンセンサスを得ながら進めることが必要である。

設備の古い建物、手入れの行き届いていないキャンパスは、見学に訪れる高校生に大きな負の印象を与える。勢いのある大学を演出するためには施設の充実や効果的な手当は欠かせない。既存設備の利用実態を常に把握し、ランニングコストの見直しも重要である。

施設整備を請け負う業者を決めるために、大学内には業者選定委員会などが設置されている。少しでも良いものを少しでもリーズナブルに施設を整備する公正で透明性のある議論が求められる。いろいろな事情がある場合もあり、必ずしも透明とは言えないことも見聞きする。ただ事情がどうであれ、業者選定の最終決定者に求められることは、常に志を高くしてことにあたることであろう。業者選定に関わることで時々社会問題となるのは志の低いレベルで決定がなされた場合である。特に大学は、何事につけて学生たちの範となるなることが絶対である。一たび社会問題となれば、どんなに立派な大学であろうと一瞬にしてそのブランドは地に落ちる。

近年、種々の災害が発生している。日頃からそれらへの対策を考え準備しておくことも欠かせない。（図Ⅰ−10）

(4)「ブランディング戦略」の課題は、どのようにして自校のステータスを向上させるかである。どのような経営ビジョン、教学ビジョンも、一言で言えば、このステータス向上に直結している。

大学の評価指標は学生の集客力だが、小手先で目先の学生を集めるのではなくブランド力を高めることが本質である。大学はブランドを売りにしているからである。学生はブランドを求めて集まるからである。そして大学のブランドは創立者の〝建学の理念〟に帰着する。

有元史郎の〝建学の理念〟は大隈重信や福沢諭吉ほど知名度が高くは無い。しかしそれは多くの大学でも同様であろう。ブランドの根源である建学の理念を常に意識し、軸がブレないようにしながら種々の施策を実行して自学の社会的認知度を向上させることがブランディング戦略である。

まずは自学の全構成員である教員・職員・学生・卒業生が皆、「建学の理念」を共有し、自学に誇りを持つことである。自校科目を開講し自校教育（Ⅲ部　第2章を参照）を進めている大学も徐々に増えてきているが、それも有用な方策の一つであろう。ブランド力は一朝一夕で向上はしない。大学組織の構成員が価値観を共有し、地道な努力を重ねるしかないが、一方でステークホルダーとの関係を強化しながら種々のイベントやメディアへの有効な露出などを企画実行することも重要な戦略である。（図Ⅰ－11）

(5)「コンプライアンスの徹底」は、公共性を具えた大学が組織体を維持するために必要不可欠である。

構成員全ての行動を規定することはできない。最後は組織の構成員一人一人が自分を律して行動することに期待するしかない。それが倫理綱領である。どの大学にもあるが、時々見直されることもあるが、実際にはほとんど読まれる

課題と施策　(3) 長期展望に基づく施設整備

■施設設備の整備に関する中長期計画の策定

・財源の確保、見通し。
・学内コンセンサス。

■既存設備の利用実態やランニングコストの見直し

■業者選定における公正かつ透明性の確保

■危機管理などへの対応、準備

（図Ⅰ－10）

ことはない。

最近特に多いのは、各種ハラスメントに関わる問題である。授業や研究指導などは大学での主要な日常活動である。ここには、教員と学生間でトラブルが発生する可能性が常時潜んでいる。このため、ハラスメント防止・対応への取り組みがビジョンの中で謳われることがある。お客様である学生たちが気持ちよく安心してキャンパス生活がおくれることを、大学として宣言することが売りになるからである。

ハラスメントのトラブルが生じると、学内には委員会などが設置され大事となる。きちっと決着させなければ教員、学生が納得しないからである。双方の言い分は噛みあわないことが多い。また、多くは教員側の負けである。トラブルを繰り返す教員もいるが、大人を再教育することは極めて難しい。同じ（ような）ことを言っても、ある教員では問題となり、ある教員では学生から何のクレームも上がらない事例は多々ある。双方に信頼関

課題と施策 (4) ブランディング戦略

■建学の理念の積極的発信
・在学生向けには、自校教育。

■戦略的企画広報活動
・統一ブランドの確立。

■ステークホルダーの関係強化
・在校生･父母･校友･企業・地域。

■ “スター” の誕生に向けた活動支援

（図Ⅰ－11）

係があり、学生が教員をリスペクトしている場合にはまずトラブルは生じない。

近年、個人情報保護にも大きな注意が必要である。大学では個人情報をベースにした個人対応の支援が必要不可欠だからである。

様々な障害を抱えた学生たちが修学を全うして卒業するための支援は欠かせない。当該学生の承諾の下、支援のために情報を共有し全学的な支援をする場合がある。人によっては、障害のあることを周りに知られたくない学生もいる。当然、情報を大学全体で共有することはできないが、それでも当該学生が修学に必要な支援を行わなければならない。２０１６年４月からは「障害者差別解消法」が施行された。その対応も大切である（Ⅲ部　第３章を参照）。

修学支援は、取得単位数の少ないいわゆる低単位者や、様々な理由から休学する学生に特に必要である。卒業にまで至らず、途中で退学する確率が高いからである。中退は、当人にとっても、保護者にとっても、そして大学にとっても不幸をもたらす。中退予防は大学の喫緊の課題であり、ビジョンの中で取り上げられること度々である。この中退予防には、修学データなどの個人情報を用いて分析し、その対策を立てる必要がある。教育の改善にこれらの個人情報を取得することを入学時に承諾することを求める大学もあるが、個人情報の保護や責任の所在については明らかにしておかなければならない。

第三者機関による評価と結果の公開、財務状況と内部監査結果の公開は経営上不可欠である。大学が健全に運営されているかのチェックは必須事項である。外部の方たちで構成された委員による毎年の自己点検、監査室による内部点検などである。内部監査では、毎年課題を決めて詳細に行われる。当然、監査室は大学の一般組織とは独立していなければならない。ここが甘いと、さまざまな不祥事を引き起こすこととなる。（図Ⅰ－12）

経営ビジョンの中で取り上げる課題は各部局の計画に取り込まれなければならない。上記5つの課題と各部局の計画との関係例（イメージ）を図Ⅰ－13に示す。

6 経営ビジョンと各部局による取り組み

ビジョンでは大学の将来像を描き、その目標に向かって組織全体の舵を取る。舵を取るとは、有限のリソースの中で、何を選択し何に集中するかを決めることである。それがビジョンに基づく戦略である。その結果、大学の使命である教育、研究、社会貢献に向けた取り組みが加速され、

課題と施策 (5) **コンプライアンスの徹底**

■全学的な倫理綱領等の策定とその発信

■第三者機関による評価と結果の公開

■ハラスメント防止・対応への取り組み

■個人情報保護

■財務状況と内部監査結果の公開

(図Ⅰ－12)

その大学の新たな特長が創られたり大学の活力ある姿が鮮明になるはずである。

経営ビジョンでは一般に、教学ビジョンが描く将来像や目標を実現するために経営資源を戦略的に配置する。また、経営ビジョンは一つの独立した計画として課題や施策が実行されるのではなく、各部局の業務計画の中で取り入れられて実行される。しかも、図Ⅰ-13に示されるようにそれは複数の部局にまたがって実施される。各部局には大学としての機能を回すための日常業務がある。それが滞ることがあってはならない。経営ビジョンの掲げる課題や施策を各部局の計画に入れ込むためには、各部局とのすり合わせが重要となる。

ビジョンの担当者は、各部局の計画の中で遂行されるビジョン項目を統合的に管理し、必要に応じて各部局の計画進行にフィードバックしてビジョン全体を進めることになる。経営ビジョンが比較的計画に沿って進捗するのは、経営側が部局職員の人事権を握っているからであろう。

各部局の計画とビジョンの関係（イメージ）

	総務	人事	広報	財務	管財	募金	企画	研究助成	産官学	生涯	国際	学事	入試	キャリア	学生	大学院	図書館	ネット
健全な財務				○	○	○	○	○					○			○		
適正な人事と採用計画	○	○					○											
長期展望に基づく施設整備				○	○	○	○											○
ブランディング戦略	○		○			○	○		○	○	○	○	○	○	○	○		
コンプライアンスの徹底	○	○		○	○		○	○				○			○	○		○

（図Ⅰ－13）

上記4で取り上げた5項目のうち、後半の3つは大学の事情が強く反映される項目である。そこでどの大学でも共通し、経営ビジョンで特に重要な財務と人事について、その具体的な検討項目を考えてみよう。

(1) 健全な財務

健全な財務の基盤となるのは、学生納付金の安定確保と補助金の確保である。（図Ⅰ－14）

【現状認識／他との比較・位置づけ】

■主な収入の帰属収入に対する割合
(1)学生生徒納付金収入／他大学との比較
(2)補助金収入／他大学との比較

収入全体の8割程度がこの2つの収入に依存しているが、他校とその依存度を比較し健全性や今後の見通しなど

課題と施策 (1) 健全な財務

■安定した収入の確保
・学生の確保（学部･大学院･社会人）による安定した学費収入。
・収入源の多様化。

■人件費・教育研究費・管理費などの適正配分

■各種施設整備計画に呼応した財源の確保

■日常的な支出見直し

■計画的な消費収支差額の確保

（図Ⅰ－14）

を明らかにする。

■主な支出の帰属収入に対する割合

⑴人件費／他大学との比較

⑵教育研究経費／他大学との比較

⑶管理経費／他大学との比較

帰属収入に対する消費比率は将来計画の源泉を生み出せているか否かの重要な指標である。消費の圧縮が必要な場合も、その妥当性、適切性は十分な議論が必要である。また、〝一律に圧縮〟とするのは、現場や実態に精通していないことを担当者が自白しているのも同然である。担当者の仕事とは、支出項目に軽重をつけ、それを全員に納得させることである。

【数値目標／課題】

■学生生徒納付金、補助金の獲得目標額

実行可能な具体的施策を持たない目標額は絵に描いた餅となる。他大学の事例を学び自学に馴染む施策を立てることが大学としての重要な戦略である。

■人件費＋教育研究経費＋管理経費の帰属収入に対する目標比率

経費をどのように設定するかは教学ビジョンと強く関係する。まずは人件費、教育研究経費、管理経費の配分を決めるが、この大括りの配分ではそれほど揉めることはない。配分の粒度が小さくなって具体的になるにつれて不満が徐々に露呈する。多くは教学側内部のコップの中の嵐の様相を呈する。本来は、どこを削減しどこに重点配分するかが重要なのだが、大学特有の文化の中でそれを実行できるだけの力のあるリーダーは少ない。結果として皆で均等に配分する案に落ち着くことが多い。日本の大学をダメにしている根源の一つである。

■将来の経営資源として計画的に消費収支差額（黒字額）を確保する。一つは帰属収入から、もう一つは基本金組み入れで、合計帰属収入の数十％を確保することが通常目標となる。大学では毎年の収入、毎年の必要経費が大きく変わることはない。その中で将来の経営資源としてコツコツお金を貯めなければならない。

経済的な裏付けがなければビジョンは動かない。オーナーのいる大学では長期計画の下で大事業が進行することが多い。一方、任期のある経営者の場合は自分の代で何かをやろうとし勝ちである。そこにはどうしても経済的な無理が生じる。志の高い経営者がここでも待たれる。

【具体的施策・スケジュール】

■学生生徒納付金を確保するためには安定して学生を確保することが求められる。私学では定員数を下回らないことが絶対の条件である。大学院の内部進学率を上げることも有効である。

入学者が定員数を下回らないようにするために、多くの大学では、実際には定員の1倍を超える値を目標にして合格者を決めている。(＊)大学院は学生を増やすことが可能な市場であり、特に理工系大学では力を入れる価値がある。大学院生の存在は大学のアカデミック・アクティビティを向上させるからでもある。

＊厳格に定員数を守ることが要請されているが、現実には合格を出しても入学を辞退する者の数を予測することは難しい。結果として定員数を下回ることになれば経営の土台を揺るがすことになり、実際には1・1倍を超えない程度を各大学では目標としている。

■寄付金・資産運用収入・外部資金獲得の拡大

学費や補助金以外にも収入を多様化することが必要である。周年事業に合わせて寄付を募るだけでなく、近年は常時寄付を募るための仕掛けがいろいろと工夫されている。卒業した校友達が寄付を申し出たいと思わせるような魅力を大学が創れるかが問われている。資産運用は上手な大学と下手な大学がある。当然ハイリスク・ハイリターンであるが、大学は堅実な運用が基本である。教員には外部資金の獲得が求められる。外部資金の獲れる教員とそうでない教員がいるが、大学としては自分の研究費くらいは自分で稼いで欲しいというのが本音であろう。理工系では、科学研究費の獲得額が大学評価の指標の一つとなっている。

■日常的な支出見直し

無駄な支出は抑えなければならない。しかし、何が本当の無駄で、何が無駄でないかの判定は実は難しい。組織を食い物にする族はどこにでもいて、そのわずかな族のために窮屈な規則やお達しが出来上がる。教育研究経費・管理経費合わせて10％圧縮、なども精査すればそれほど難しくはないと思われる。問題はそれを一律で実施するところにある。判定の尺度を明解にして、残すところ削るところのメリハリが大切である。

【施策詳細（実施プロセス等）】

■目指すべき財政状態の提示

⑴経営ビジョン・次年度予算編成で本学の目指すべき財政状態（大枠）の認識を共有

⑵健全な財務を目指す上での必要条件（目標）の提示

なぜそれが必要なのか、なぜその大枠が決められたのか、その必然性こそが経営ビジョンである。大枠について認識を共有するとは、経営ビジョンを理解することと同義である。その共通認識の下、各部・各課から目標の実現に向けた提案を聞く。聞く側が予め想定していた具体的なアクションプランや想定額との差分こそが議論の対象である。事前に示さないのは担当者が一人称で考え行動することを期待するからである。

■収支状況の把握と評価による各事業の見直し

短期のサイクル（4半期決算、3ヵ月決算等）で評価し、継続してさらに経過を観察する施策、維持・強化する施策を明らかにする。見直しが必要な施策には事業全体の中で新たな計画を立案する。短期間でかつ粒度を小さくしてその施策の進捗を把握することがポイントである。このことは一見仕事量を増やし仕事を煩雑化するように聞こえるが、実は仕事が見えている担当者には気づきレベルの話なのである。

■各事業計画のPDCAサイクルの徹底

〝絵に描いた餅〟の経営ビジョンとは、計画と報告だけの事業計画である。PDCAサイクルを徹底することにより、事業内容の再検討や、廃止をダイナミックに実施する。当たり前のことであるが、PDCAを記入する表に進捗を書けばよいというのではない。形骸化の根底にはその大学の甘えと、管理ということを知らない上司との相乗作用があると思われる。学生がいる限り大学はつぶれないし日常の業務がある。大学に蔓延するこの甘えが新しい取り組みを阻害する。企業から転職してきた筆者には極めて奇異な姿に映る。

(2) 適正な人事と採用計画

大学は教育サービスの提供を主な生業としている。だからその教育サービスを向上させるための人員配置は何よりも優先される。そして人材依存度が高いがゆえに優秀な人材を確保するための多様な採用計画が重要な戦略となる。（図Ｉ―15）

【現状認識／他との比較・位置づけ】

■教員一人あたり学生数と教員の配置／他大学との比較

教育サービス業として、そのサービス性の良否を示す一番の指標である。もちろん教員一人あたりの学生数は少ない方がよい。しかし、余剰な資金を持たない大学としては、基本的に大学設置基準で定められた最低限の教員数を大幅に超えることはない。また入学者

課題と施策 (2) 適正な人事と採用計画 ■適正な教職員数の確保と配置 ・限られた数の教職員の配置に大学の特色が表れる。 ・適切な割合を維持する純血教職員の採用。 ■多様な採用計画 ・教員の再雇用・任期制度など。 ・派遣職員の過度な採用は大学の弱体化につながる懸念。 ■評価・処遇制度の整備 ・公正で公平，透明性のある制度の整備。 ・研修制度の整備，充実。 ■事務組織の再編 ・大学の意志を端的に示す。

(図Ｉ－15)

数は原則ほぼ公募者数である。したがって、どの大学も同様の数値となるが、そのわずかな差を陽に認識することは次への戦略につながる。

限られた数の教員をどのように配置しているかは大学ごとに異なり、その大学の特色が反映される。しかし、大学の機構や教育体系などを熟知していなければ配置の実態を掴むことができない。したがって現実には他大学と比較することは難しいであろう。現状認識として、まず教員配置の視点で自校の特色を押さえておくことが必要である。

■職員一人あたり学生数と職員の配置／他大学との比較

この数値も教育のサービス性の良否を示す大きな指標である。教員のような大学設置基準はないので大学間で大きな差がある。一般に、複数のキャンパスを持つ大学は、分割損があり職員数が多くなる。また、大学には正規職員以外に多数の非正規職員がおり大学業務を支えている。この非正規職員をどのようにカウントするかでも数値結果は異なる。まずは自校の現状を把握した上で、他校の状況を参考にし、自校の適切な職員数を決定する必要がある。

職員の配置は大学の業務がどこに力点を置いているかを示す。正規職員と非正規職員の分布は、日常業務に対する大学のスタンスが反映される。他大学との比較は容易ではないが、まずは現状認識として、職員配置の視点で自校の特色を押さえておくことが必要である。

■教員純血率（ＯＢ割合）／他大学との比較

私学では自校出身の教員採用は大切な戦略である。自校出身の教員は自校文化の良い体現者として学生たちの範になることが期待できるからである。他校のデータを参考に、自校の現状が妥当かを判断する。

■派遣職員の急増

派遣職員は公募すると多くの応募者があり、雇用する側からすれば人件費を抑え、必要に応じて数を確保することができる使い勝手のよい人材源である。それゆえ近年多くの大学で派遣職員が急増している。しかし、派遣職員はあくまで急場しのぎの人事政策であるとの認識に立ち、現状の妥当性に関する絶対的な評価と、他校との比較による相対的な評価が必要である。

一方、大学の業務にはさまざまなノウハウがあり、そのノウハウが教育サービスを支えている。雇用期間が限定されている派遣職員の採用は、長期的な視点で見れば大学全体の業務遂行能力の低下を招くこととなる。現状を認識し、自校の特性、今後の方向性などを踏まえた議論が必要である。

■評価・処遇制度の整備

人事の要諦は適切な評価・処遇制度が整備されていることである。しかし、組織の構成員全員が納得する人事政策など存在しない。それでも、少しでも多くの構成員を納得させることは組織には必要不可欠である。構成員の納得は、職場を明るくし業務への取り組みに力が入り、そして職場に活力が生まれるからである。

公平で公正、そして透明性を保証した評価・処遇制度の必要性は誰もが認めている。しかし実際の導入となると、さまざまな抵抗にあう。自校での現状をしっかりと認識するとともに、他校の事例を研究することが、自校の文化に馴染む制度の確立に向けた実行策の具体化につながる。

【数値目標／課題】

■教育サービス向上のための教員の採用と配置

⑴教員一人あたりの目標学生数
⑵教員の配置
⑶教員の純血率

⑴は、余剰な資金を持たない大学としては、基本的に大学設置基準で定められた最低限の教員数を大幅に超えることはない。それでも教員一人あたり学生数を少しでも少なくする努力が求められる。他大学との比較によって戦略的に求められる目標数値と、学納金に占める人件費割合を勘案しながら最終的な数値目標が設定される。

⑵は、この限られた全教員をどのように配置するかであり大学の重要な戦略である。その配置で教育の特色を打ち出すことができるからである。他大学にはないその特色を数値化すればより鮮明になるであろう。大学を新たに創立する場合であれば、その創立の理念に沿って教員を配置する設計が可能であろう。しかし、それなりの歴史を背負った大学では、それまでの大きなイナーシャがあり、簡単に配分を変える（特色を打ち出す）ことはできない。しかし、定員割れを起こしている大学ではトップがリーダーシップを発揮し自校の再生に向けて有限なリソースを再配分する時期が来ている。

⑶は、私学では特に重要な自校出身の教員（純血教員）についてである。前述のように、自校出身の教員は自校文化の良い体現者として学生たちの範になることが期待できる。研究大学のように大学院への進学率の高い大学では純血率が高く、50％を超えている大学が多数ある。大学教員の採用条件が原則学位を持ってることとなっているからである。教育大学では大学院の進学率が高くないことから、純血教員の採用は結構難しい。学部、学科によって偏らず、できるだけ均一に分布させることにも配慮する必要がある。また年齢分布も採用時の大切なポイントである。したがって、在学時から有力な候補者をリストアップし、学位取得なども含め、長期的な展望の下に大学として支援することが必要である。教育大学の純血率は30％程度が適当と筆者は考えている。

■学生サービス向上のための職員の採用と配置

職員一人あたりの学生数もまた教育のサービス性の良否を示す大きな指標である。大学には正規職員以外に多数の非正規職員がおり大学業務を支えている。大学としては、この非正規職員も含めてサービスであるが、まずは正規職員の数でサービス性を議論すべきであろう。原則、学納金に対する人件費割合で原資を決め、正規職員数、非正規職員数のバランスなどを勘案して正規職員数が決められる。

職員は教員のように初めから所属が決められているわけではない。その意味では、大学（法人）の意志を直接反映した職員の配置がなされる。教育サービスの向上に向けた特色とは何か、をしっかり議論し構成員のコンセンサスを得て職員を配置することができれば、大学として大きな売りとなる。

大学には、ネットワークやPC管理、学内の様々なデータ処理などを担当する専門性の高い部署、入試課や学生課のようにノウハウが業務のコアとなっている部署などがある。大学の日常業務を回しながら、職員のキャリアパス、将来を担う幹部候補の育成を考慮した配置転換もトータルとしての大学力を高めるために大切である。そして、職員の配置による教育サービスの向上に向けた特色を打ち出すことが求められる。

派遣職員が多くの大学で急増している。大学から見れば使い勝手の良い人材源ではあるが、問題も顕在化してきている。派遣職員には雇用規定があり、正規職員のように業務内容や配置を柔軟に変更することができない。また、雇用期間が限定されている。一方で、大学の業務にはさまざまなノウハウがあり、そのノウハウが教育サービスの質に直結する。業務を継続することによって磨かれるノウハウがサービスの質を向上させる。雇用期間が限定される派遣職員を大学の業務に組み入れた場合、そのノウハウが引き継げないなどの問題がある。

能力の高い優秀な派遣職員も多い。まだ数は多くないが、正規雇用に転進するケースもある。安易な対処療法で派遣職員を増やすのではなく、正規職員と派遣職員の役割、自学にとって妥当な派遣職員の数や業務内容について再考し、派遣職員に関するガイドラインを見直すことが必要である。

■多様な採用計画（再雇用・任期制等）の策定

教育サービスは人材比重の極めて高い業種である。一人の教員あるいは職員が担当する学生数は少ないほど、一般にはきめ細かな対応ができる。だから限られた原資を使って一人でも多くの人材を確保することは大学として大切である。

教育サービスでは学生との対面が原則である。同時に教育サービスの業務は多種多様である。そして教育は学生一人一人の人生を左右するキャスティングボードを握っている。それに相応しい能力を具えた人材が不可決である。原資が決まったら、その原資で一人でも多く、そして教育サービスの担い手に相応しい能力を持った有能な人材を確保する多様な採用計画の策定が求められる。

■評価・処遇制度の整備

評価・処遇制度は公平で公正、そして透明でなければならないが、教員と職員ではその制度（システム）は大きく異なる。

教員向けには、業績評価システムと言われるようなシステムが既に導入されている大学が多数ある。論文数などによる研究業績評価、担当授業科目数などによる教育評価、学内業務の担務内容や担務数などによる学内貢献評価、学会や行政機関などでの学外活動による社会貢献評価などがその評価指標である。各指標を用いて業績が数値化されて昇格や大学院教員の適否判定に用いられている。大学によっては、ある期間ごとに評価し、規定の数値以下の場合には降格もあり得る、としている。

第三者からみればごく当たり前に見えるこのようなシステムも、導入するには多くの壁を乗り越えなければならない。例えば論文である。論文にするまでの時間が永くかかる分野と比較的書き易い分野があり、それを同じ点数としてよいか。複数の執筆者がある場合の点数はどのように割り付けるか。建築のような作品を論文一つとみなすか。国際会議に提出した予稿は論文か、など。極めて多くのさまざまな分野があり、量や質も合わせて数値化して評価することは不可能である。数で評価するという意味では透明で公正だが、質は数値化に馴染まず公平に評価することはできないからである。評価した結果の合計値が低い場合は降格もあり得るとなれば教員も必死となる。だから、簡単にはこの業績評価システムは稼働しないのである。

教員も緊張感を持って教育研究を推進するのは当然である。大半の教員はどのようなシステム・制度であっても特別に何かを変える必要はない。このシステムが有効に働くのは、ほんのわずか存在する困った教員が、これまで何のお咎めもなくヌクヌクと大学で過ごしていたことを反省し、本来の教育研究に励むきっかけを作ることだと考える。だから、完璧な評価システムを作るのではなく、教員の80％以上が同意するような（甘い）評価尺度や判定基準を作り、まずシステムを稼働させることが重要である。システムを稼働させることを第一に置き、初めは甘い尺度で十分なのである。そして稼働した後、自学の文化の中で適切な尺度を見出しながら徐々に厳しくすればよいと筆者は考えている。初めは誰もが（80％以上）認める１００ｋｍ／ｈオーバーの速度違反者を捕まえ、徐々にその制限速度を下げていくことが現実的である。

職員の育成・評価処遇システムは永遠の課題である。教員の業績評価のような数値化できる業務の指標がほとんど無いからである。担当する業務によってもその成果は全く異なるからである。通常、局長、部長、次長、課長などの階層ごとに評価が持ち上がっていくシステムなどが導入されている。力のある上司がいる場合には他の部署の人と同じ評価の場合でも高く評価されるなどは、大学に限らずどこの組織でも起こり得ることである。

完璧な評価・処遇制度を構築することは永遠の課題であったとしても、今の時点で少しでも公平で公正、そして透明と考えられる制度を少しでも早く作り導入することがリーダーの責務である。

■研修制度の整備・充実

大学の文化・価値観を共有し、組織の構成員が能力を十分に発揮して大学の業務を遂行してもらうためには、適宜研修を行う。教員に対しては入職初期に行われる研修が多いが、職員はそれ以外にも様々な研修が行われる。職員の研修は昇任、昇格とリンクしている場合も多い。他大学と合同で行う研修では、互いにノウハウを開示して議論をすすめることも日常的に行われている。文化の異なる大学では、他校のどんなに優れた方法であっても、自校にそのまま導入することは難しい。また、たとえその優れた方法が導入されたからといって、それが他校の経営を脅かすことに直接結びつかないからであろう。企業ではまず考えられない研修である。

【具体的施策】

■教員採用計画の策定

限られた原資の中で一人でも多く、少しでも自学に相応しい優秀な人材を確保するには、計画を5年程度の期間で遂行する。当然、随時（短期間で）チェックし、その進捗や計画の見直しなどを行う。

純血教員を一定の割合で維持するには、長期的展望に立って採用計画を立てておく必要がある。純血教員率を提示し、各学科・学部で長期計画を立案し大学としてその推移をチェックする。

多様な採用では、近年ダイバーシティの重要性の視点から、女性教員、外国人教員の採用が社会の要請である。大学としての目標値を提示し、各学部での具体的な実施計画の提示を求める。また、限られた原資の中で優秀な教員を少しでも多く採用して教育サービスの向上を図るために、任期制・再雇用制・OB採用制度等の積極導入が必要である。

■事務職員採用計画の策定

基本となるのは正規職員の採用である。正規職員と派遣職員の割合、純血職員の割合、自大学の特異性を打ち出す職員配置などを考慮した採用計画を立て5年程度の期間で計画を遂行する。ここでも、随時（短期間で）チェックし、その進捗や計画の見直しなどを行う。

純血職員の採用、実績を見て優秀な派遣職員は専任登用、学外で実績のあるプロを中途採用することも必要である。ただ、文化や制度が異なる学外での実績がそのまま自校で通用するとは限らない。自校の文化や業務に精通しなければ、自校にとって真の戦力とはなり得ないからである。加えて、注意しなければならないことは大学の幹部層にありがちな〝お友達〟を引っ張ってくることである。組織を食い物にする別の形態と言えるであろう。採用担当者にはつらいことではあるが、採用時の公正で冷厳な判断が大学を救う道である。

■人事給与制度の再構築と実施

評価と処遇は一体である。公平で公正、そして透明な評価制度の下、その評価に見合う給与制度を再構築する。全ての人が納得できる制度を作ることは難しいが、少しでも多くの構成員が納得できるよう、十分な説明を心がけることが肝要である。

一般に、教員の人事給与制度は教授、准教授などの職位と勤務年数によって決められているので余り問題となることはない。

職員の場合は公正、公平な評価が難しいだけに、処遇制度を定期的に見直し再構築することが必要である。大学が生き残るために、多くの大学ではさまざまな施策を打ち出し、業務の力点が変化するからである。評価は業務に強く関連することからローテーション制度や人事考課制度なども合わせた人事給与制度を再構築する。

■教職員研修制度の確立

新しいビジョンの下で大学が将来に向けて舵を切るためには、自大学の教職員全員が参画し推進しなければ結局絵に描いた餅となる。価値観を共有し意識を一つに合わせる場が研修である。

教員は一国一城の主として日々の生活は安泰であることから、学内で要職を担っていない一般の教員に働きかけることはなかなか難しい。教育大学では特に教員FDの推進は欠かせない。それに加え、ビジョンで打ち出した新しい施策に沿ったテーマの研修もある。研修をよそ事と考えている教員に対して実のある研修とするための知恵が求められる。

職員は教員に比べると協力が得やすい。法人が人事権を握っていることと、研修が業務に直結しているからである。近年では、グローバル化の波に乗って、各大学では職員の海外研修制度も充実してきた。職員にも英語力が求められる時代である。ビジョンをきっかけにした職員の能力向上、人材育成に向けた研修制度を確立するために、人材育成センターを設置することなども考えられる。

■事務組織の再編

ビジョンによって示す大学の意志を最も端的に表したのが事務組織の再編である。合わせて職員の異動もあり、自学の向う方向が見えるからである。どのようなビジョンであっても、その目的は学生サービス向上であり、そのために部課の発展的な統合などがある。

【施策の詳細（実施プロセス等）】

具体的施策のアクションプランが施策の詳細である。実際は具体的なビジョンの下で詳細は明らかにされるが、ここではどのようなことがあるのか例を挙げる。

■教職員の採用

ビジョンの実現に必要な要員を確保するため多様な採用形態を導入する。そのためにはまず規定の整備や諸手続きが必要である。それがアクションの第一である。その上で採用作業に入るが、採用は一度に必要数を確保するのではなく、数年に分けて行う。

《アクションの詳細例》

●シニア教員規程の改訂案（任期を7年に延長、年俸の下方修正等）を策定、教員人事委員会を経て理事会へ。1学科2名程度を採用目標とする。

●OB採用は経歴換算の優遇措置やOBポスドク経験者からの人選等を盛り込んだ運用案を策定する。教員人事委員会を経て理事会へ付議する。各学科4名のOB採用を目標とする。

●派遣登用は、契約期間終了後の者を対象に、原則として異動のない特定職員として直接雇用を図る。採用プロセスは、原則として現在の特定職員に準ずる。

■人事給与制度

新しい人事給与制度の導入には常に大きな抵抗があることを覚悟しなければならない。従前より評価の下がる者が必ずおり、様々な形で反対するからである。まずはビジョンの主旨を十分に理解してもらうことが第一である。議論が紛糾した時、ビジョンの謳う原点に返ることでしか納得は得られないからである。あとは日頃どれだけ意志の疎通ができているか、リスペクトされているか、リーダシップがどれだけ発揮できるか、が問われる。
《アクションの詳細例》
●事務職員は降格、利益の分配、成績重視の要素を加味した制度を○○年度より本格実施。□□年度は前段としての目標管理を実施する。
●非正規職員は、事務職員の制度を基礎とし能力や業務実績など実態に即した制度案を専門委員会にて○○年度中に整備する。理事会審議を経て、□□年度より試行実施する。

■研修制度
ビジョンを実質化するための施策の一つが研修制度である。一方、これまでにも数々の研修があり教職員は研修疲れをしている。貴重な時間を割いて行う研修をいかにして本来の目的に沿って充実させるかは、ビジョン担当者の力量が問われる。冒頭、ビジョンの責任者である理事長や学長から研修の意義を話してもらうことや、十分に練り上げた構成にすること、やりっ放しでなく必ず研修のフォローを実施するなど工夫すべきことは多々ある。

《アクションの詳細例》
●職員でTOEIC○○○点以上の者には海外研修派遣資格を与え、研修のテーマや習得すべき成果などについての口頭試問を経て毎年□□名を海外の協定校に派遣する。海外研修終了後、その報告会を開催する。△△年後には事務職員全員にTOEICの受験を義務付けることを予告する。
（ビジョンで謳う大学のグローバル化に合わせ、職員の英語力を××点まで引き上げることを目標としている。なお、教員は国際会議などで論文を発表するなどしており英語力はそれなりに具備していると考える。）

●多様な採用計画で入職した主に教員の受け皿である人材育成センターを○○年度に立ち上げるため、準備委員会を発足する。委員長は□□部長とする。ビジョンに沿った教員の活用方法、設置場所、勤務形態、管理や活用実態のチェックの仕方などをまとめ、立ち上げ前年の△△月までに報告し、理事会の審議を経て承認を得る。

■事務組織の再編（○○年度実施）

ビジョンを受け、事務局長の下で事務組織の再編案を実施年度前年の△△月までにまとめ、理事会の審議を経て承認を得る。

7　組織風土を変革すること

私立大学の半数は定員割れである。大学として生き残るために大学の変革は待った無しである。大学のブランドを作らなければならない。

それにはまずは大学組織の構成員全員が価値を共有できるビジョンを作らなければならない。

そしてそのビジョンと調和した、具体的な行動の積み重ねが環境変化に適合した風土を生み出し組織のブランドを作り出す。だから変革は容易でない。「これまでの組織風土」自体が変革の障害にもなる。変革にはトップの本気で変えたいという強い意志と率先垂範が前提であり、時代の変革に抵抗し適合しない者には去ってもらう覚悟も必要だ。企業とは異なり、大学はこれが難しい。

教職員が一体となって変革していくには、これまでの役割や機能といった基本的な戦略を大きく変え、実行のための仕組みや制度を抜本的に見直すとともに、日常的な行動を具体的に変えるための施策がカギを握っている。全員が共有できる価値をビジョンとして示すと同時に、日々の業務に直接結び付く具体的な施策を即座に実践することである。日々の行動を変えれば組織の風土は目に見えて変わる。

大学といえども、社会からの期待や役割は変化している。今は問題がなくても、良い大学の風土を守るためにはどうすべきかを常に考え、手を入れていかなければ、変容する社会に適応できなくなる。組織は常に改善する努力が欠かせない。大学を取り巻く環境の変化を認識し、環境の変化に呼応した組織風土の変革こそが本来の競争力の源泉である。

第Ⅱ部　小さく始めよう　実践！中退予防

1　はじめに

多くの大学では、在学者の2～7％、（大学の規模にもよるが）数百名の学生が勉学半ばで大学を退学している。この中退した学生のほとんど総ては正職に就いていない。フリーターである。中退して初めて、頑張って大学を卒業することの意義に気付く。入学した学生が、最後まで勉学を全うし大学の卒業資格を得ることは、各人の人生にとって極めて大切なのである。[1][2]

筆者はこれまでの経験から、中退予防の取り組み（活動）を「こころの健康をケアしながら、学生の勉学の目標を明確にして学修意欲を掻き立て、自立の生活習慣を身に付けて修学を継続させるための取り組み・支援」と定義している。中退予防のキーワードは、こころのケア、勉学の目標、生活習慣であるとの認識からである。（図Ⅱ－1）

中退予防の取り組み

【“中退予防の取り組み”とは】

こころの健康をケアしながら、学生の勉学の目標を明確にして学修意欲を掻き立て、自立の生活習慣を身に付けて修学を継続させるための取り組み・支援。

【“中退予防”に向けたキーワード】

・こころの健康をケアすること。
・学生の勉学の目標を明確にすること。
・自立の生活習慣を身に付けさせること。

（図Ⅱ－1）

これまでにも大学における中退については多くの報告がある。独立行政法人労働政策研究・研修機構のまとめた「大学等中退者の就労と意識に関する研究」[3]は中退の実態に関する詳細な報告である。また、中退をどのようにして防止するかについての報告はあるが、どれもうまくいった場合の事例である。中退予防の取り組みを始めるとすぐに分かることであるが、実はうまくいかないことばかりなのである。タイトルの〝実践〟とはうまくいかないことも含めて「中退予防」の取り組みを本音で語ることを意味する。

中退予防は大学にとって喫緊の課題である。その重要性を誰もが認識しているが、多くの大学では中退予防の取り組みに向けた次への一歩が踏み出せていない。そこで、筆者の実践から得られたノウハウを開示することとした。

それぞれの大学で、一人でも多くの学生を中退から救うことに役立てて欲しい。

【参考文献】

（1）「依然高い大学の価値」日本経済新聞　2013・9・16

（2）「大学中退全国調査へ　年間6万人以上」毎日新聞　2014・1・31

（3）独立行政法人労働政策研究・研修機構：「大学等中退者の就労と意識に関する研究」2015

2　中退予防の取り組みを始めるにあって

前述のように、中退予防の取り組み（活動）とは「こころの健康をケアしながら、学生の勉学の目標を明確にして学修意欲を掻き立て、自立の生活習慣を身に付けて修学を継続させるための取り組み・支援」である。この取り組みは全学の協力が無くては成し得ない。しかし、その取り組みを始める前段でも大学組織文化特有の壁が立ちはだかっている。

まずはじめに、中退予防に関する大学組織の認識やマインド、取り組みの困難さ、具体的な取り組み項目などについて整理する。

(1)　中退予防についての学内での反応

どの大学（学部、学科）でも、学生の学修意欲を掻き立て、修学を継続させるための取り組みについて多大な努力を払っている。それにもかかわらず、毎年2～7％の学生が退学している。だから〝中退予防の取り組み〟と聞くと、次のような反応が返ってくる。（図Ⅱ-2）

- **〝不本意〟で入ってきた学生が中途で退学するのは仕方がない。**

多くの大学では入学当初、大半の学生が〝不本意入学者〟である。その中で、本当に行きたかった大学に合格しなかったためにとりあえず入学し、再度その大学へ受験する、いわゆる強い意志を持った「隠れ浪人」は半期、または1年で退学する。2年生以上になった学生は、卒業まで面倒をみなければならない学生である。

・〝去る者は追わず〟、無理に引き留めることは（手間だし、大学のプライドもあるから）しない。

教員が学生の面倒をみない口実に使われることが多々ある。また、学生の実態に疎い、プライドの高いトップの言葉となる例もある。

・中退者の多くは低学力者。それを

“中退予防”についての学内の反応

■“不本意”で入ってきた学生が中途で退学するのは仕方がない

・多くの大学では入学当初、大半の学生が“不本意入学者”。
・「隠れ浪人」は半期、または１年で退学。
・２年生以上の学生は、卒業まで面倒をみなければならない。

■“去る者は追わず”、無理に引き留めることは（手間だし、大学のプライドもあるから）しない

・教員が学生の面倒をみない口実に使われることも多い。
・学生の実態に疎い、プライドの高いトップの言葉となる例もある。

■中退者の多くは低学力者。それを引き留めて面倒をみることは大きな手間だし、大学のレベルを下げることにつながる

・大学の授業についていくことが難しいと思われる基礎学力が不足している学生は存在。当人にとっても大学にとっても双方が不幸になるミスマッチの事例。
・一方、中退者の中には潜在能力がありながらさまざまな理由から単位が取れず、退学する学生も少なからず存在。適切な支援により中退を予防すべき／予防できる学生である。

（図Ⅱ－2）

引き留めて面倒をみることは大きな手間だし、大学のレベルを下げることにつながる。

大学の授業についていくことが難しいと思われる基礎学力が不足している学生は存在する。当人にとっても大学にとっても双方が不幸になるミスマッチの事例である。一方、中退者の中には潜在能力がありながらさまざまな理由から単位が取れず、退学する学生も少なからず存在する。適切な支援により中退を予防すべき／予防できる学生である。

中退者数の削減目標数値をどこに置くかは、中退予防の取り組みを始める際極めて重要である。目標数値によって、取り組み方が全く異なるからである。これまでの経験から、〝小さく始める〟中退予防では、現状の中退者数の1／3程度の削減を目標にするのが妥当と考える。その上で、退学の根底にある諸要因を分析し、

—（余り）大きな手間を要せず、

—（勉学に必要な）潜在能力があり、

—卒業することへの意欲のある

学生を対象に中退予防の取り組みに着手することである。

(2) 〝次の一歩の取り組み〟が進まない中退予防

どの大学でも中退予防は喫緊の課題と認識している。しかし、ほとんどの大学では有効な取り組みが進んでいない。では何故中退予防では次の一歩の取り組みが進まないのかを整理してみよう。（図Ⅱ-3）

・〝中退予防〟はどの大学でも既に大きな努力を払っており、退学者数を更に減少させることは困難（仕方ない）という暗黙の認識がある。

—退学は学籍異動に該当するので、手続き上教授会の審議項目であるが、個別のケースとして議論されることはまずない。皆、仕方のないことと考えているからである。

・大学にとって「学費収入」は最大の財源だが、理事会などで審議さ

“次の一歩の取り組み”が進まない中退予防（その１）

■“中退予防”はどの大学も既に大きな努力を払っており、退学者数を更に減少させることは困難（仕方ない）という暗黙の認識がある
・退学は学籍異動に該当するので、手続き上教授会の議題となるが、個別のケースとして議論されることはほとんどない。

■大学にとって「学費収入」は最大の財源だが、予算編成時に学生数に学費を掛け、それに０.９３～０.９８の係数を掛けて算出している
・当初から、２～７%の退学者を見込んでおり、その範囲に収まれば「予算通り」となり、理事会は素通りする。

■中退予防に関する報告事例の多くは“大事《おおごと》”で、それを実行するのは現実的ではないと考えている
・学長、理事長の下（大）改革チームの組成。
・カリキュラムの全面的な変更・創設、教職員の行動規範の強要など。

（図Ⅱ－３）

れる次年度予算審議資料には、初めから学生数に退学者の予測値を引いた係数（0・93〜0・98）を掛けて見込み収入を記載している。

—当初から、2〜7％の退学者を見込んでおり、その範囲に収まれば決算時に「予算通り」となり、理事会は素通りする。
・研修会・講習会などでの中退予防に関する報告事例の多くは〝大事《おおごと》〟で、聴講者は中退予防に高い関心はあっても、自校でそれを実行するのは現実的ではないと考え、ほとんど聞くだけで終わっている。
〝大事《おおごと》〟の中退予防では、例えば、

—学長、理事長の下に立ち上げる（大）改革チーム。

—カリキュラムの全面的な再構築、教職員の行動規範にも及ぶ大学文化の改革や再興など。

また、中退に関わる研修会・講演会に参加する大学（教員／職員）は多数あるが、多くはそこで止まっている。（図Ⅱ-4）
・〝なるほど〟、重要であることを改めて認識…でおしまい。
・早速下の者におろして調査を始めよう…でおしまい。
・外の力を借りてやってみよう…一時的な取り組みでおしまい。

—（多額の予算を使う以上、大学としては）早急に、そして劇的な結果を求める。

—受託した企業の担当者が音頭をとっている間は機能しても、（担当する教職員の多くは他の業務を兼務していて多忙であり、また、十分なノウハウを持たないために）一時的な取り組みに終わる。

・色々考えていると言う…でおしまい。

—あの施策は、これと同じだ。

—今、こういう指示を出している。

—○○人の教員一人が学生一人を救えば○○人の中退予防が実現できる。

（論理的には正しいが、中退予備群をどうやって抽出するかなどは不

“次の一歩の取り組み”が進まない中退予防（その2）

ー“中退に関わる”研修会･講演会 に参加する大学（教員／職員）は多数ー

■多くは、“なるほど”／重要であることを改めて認識
…でおしまい。

■早速下におろして調査を始めよう
…でおしまい。

■外の力を借りてみよう
…早急な、劇的な結果を求める。
…一時的ではなく、どうやってその仕組みを定着させるかが課題。

■色々考えていると言う
・あの施策は、これと同じだ。
・今、こういう指示を出している。
・○○人の教員一人が学生一人を救えば○○人の**中退予防が実現。**
…中退予備群をどうやって抽出するかが課題。
・自立の生活習慣を身に付けさせること。

（図Ⅱ－4）

明。）

中退予防の取り組み体制にはいくつかのパターンがあり、そのパターンに応じて、削減目標値や取り組み方が異なる。

（図Ⅱ−5）

【パターンⅠ　理事長・学長が先頭に立って推進する場合】

—結構、大事（大幅な削減目標の設定）になる場合が多い

—理事長・学長を対象にした講習会が開催されている

【パターンⅡ　〝熱心な教員〟＋職員が推進する場合】

—このパターンでは、教員は学生の心を理解している／できることが最大のポイントで

中退予防の取り組み体制

■パターンⅠ　理事長・学長が先頭に立って推進する場合

…結構、大事になる場合が多い。
…理事長・学長を対象にした講習会を（営利企業が）開催。
→営利企業に委託する／クライアントになる。

■パターンⅡ　“熱心な教員”＋ 職員が推進する場合

…教員／教員経験者は学生の心を理解できることが最大のポイント。
…現職の教員は（一般的に）忙しすぎる。
…現役を離れた（教員経験のある）教員が適任。

■パターンⅢ　“熱心な職員”＋ 教員が推進する場合

…“強力な教員助っ人”の獲得が鍵。
…大学組織文化（一般的には、職員＜教員）を超える何かが必要。

（図Ⅱ－5）

ある。ただし、現職の教員は（授業や卒業研究指導、各種委員会などの日常業務を抱えていて）忙しすぎる。現役を離れた（通常の教員業務経験のある）教員が適任。

―（中退予防は全学的な規模で行うため）全学生の修学データや生活情報を熟知し、それらを分析することができる職員の協力が不可欠である。

【パターンⅢ　〝熱心な職員〟＋教員が推進する場合】

―取り組みを成功させるには、〝強力な教員助っ人〟の存在が鍵となる。

―大学の組織文化（一般的には職員と教員の力学関係は職員＜教員）を超える大義（外圧・外部評価、採択事業など）があると職員は動きやすい。

パターンⅠはトップダウン、パターンⅡは中間、パターンⅢはボトムアップに近い。どのパターンにも一長一短があり、次の一歩をなかなか踏み出せていない。

筆者の経験では、トップダウン型のパターンⅠの場合、全学を挙げた取り組みとなるが、トップの熱が下がる（あるいはトップが交代する）とその取り組みもまたトーンダウンする。このパターンⅢは、内部自発型の取り組みでは無い場合が多いからである。ボトムアップ型のパターンⅠでは、内部自発型取り組みに近い場合が多いが、全学を挙げた取り組みにまで持っていくことが難しい。中間のパターンⅡは、教員が強力に推進すれば、全学の共通認識が得やすく、取り組みも持続可能となる。

(3) 中退予防は大学全体にわたる質向上の基点

中退予防は、一生の財産となる学士の称号を手にする学生、子供を育てたことが誇りとなるその親・保護者、そして学費で収入の大半を賄う大学、これら三者が皆喜ぶ極めて重要な施策である。だから〝三方一両得プロジェクト〟と称されることがある。しかしそれだけではない。中退予防は、さらに多くのさまざまな点で大学全体の質向上に大きく寄与する。大学全体でこの認識を共有することができれば、中退予防の取り組みは全学を挙げて強力に推進されることになる。また、そのような状況を作ることができると、中退予防を起点とした教育改善などいろいろな施策も具体的に展開されることが期待される。以下に5つの項目を取り上げる。（図Ⅱ-6、図Ⅱ-7）

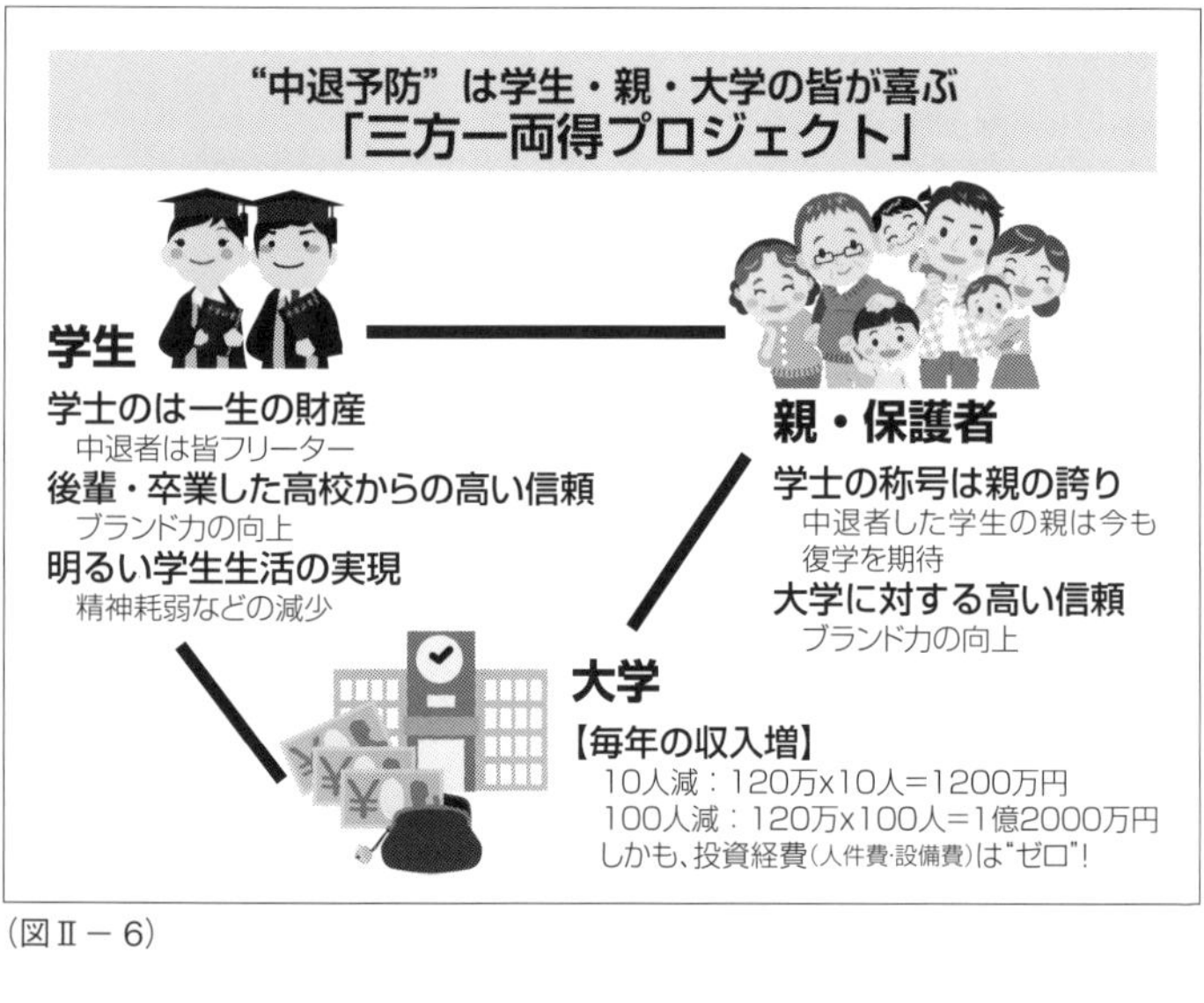

"中退予防"は学生・親・大学の皆が喜ぶ
「三方一両得プロジェクト」
学生
学士のは一生の財産
中退者は皆フリーター
後輩・卒業した高校からの高い信頼
ブランド力の向上
明るい学生生活の実現
精神耗弱などの減少
親・保護者
学士の称号は親の誇り
中退者した学生の親は今も
復学を期待
大学に対する高い信頼
ブランド力の向上
大学
【毎年の収入増】
10人減：120万x10人=1200万円
100人減：120万x100人=1億2000万円
しかも、投資経費(人件費・設備費)は"ゼロ"!

（図Ⅱ－6）

①〝修学支援〟は最大の学生サービス

〝大学卒〟は企業が有能な人材を選ぶ指標にしている。それは、「シグナリング(*)」と「人的資本(**)」に依拠する。

*「シグナリング」

大学の卒業生は、その人がもともと高い知能を持っていたり、あるいは長時間の受験勉強に耐えられる忍耐強さを持っていたりするなど、人材として高い価値を持っていることの「シグナル」と考える。

**「人的資本」

大学で身につけた知識や能力が仕事に役立ち、同じ労働時間でもより多くの売り上げや利益を企業にもたらすなど「生産性」が高まると考える。

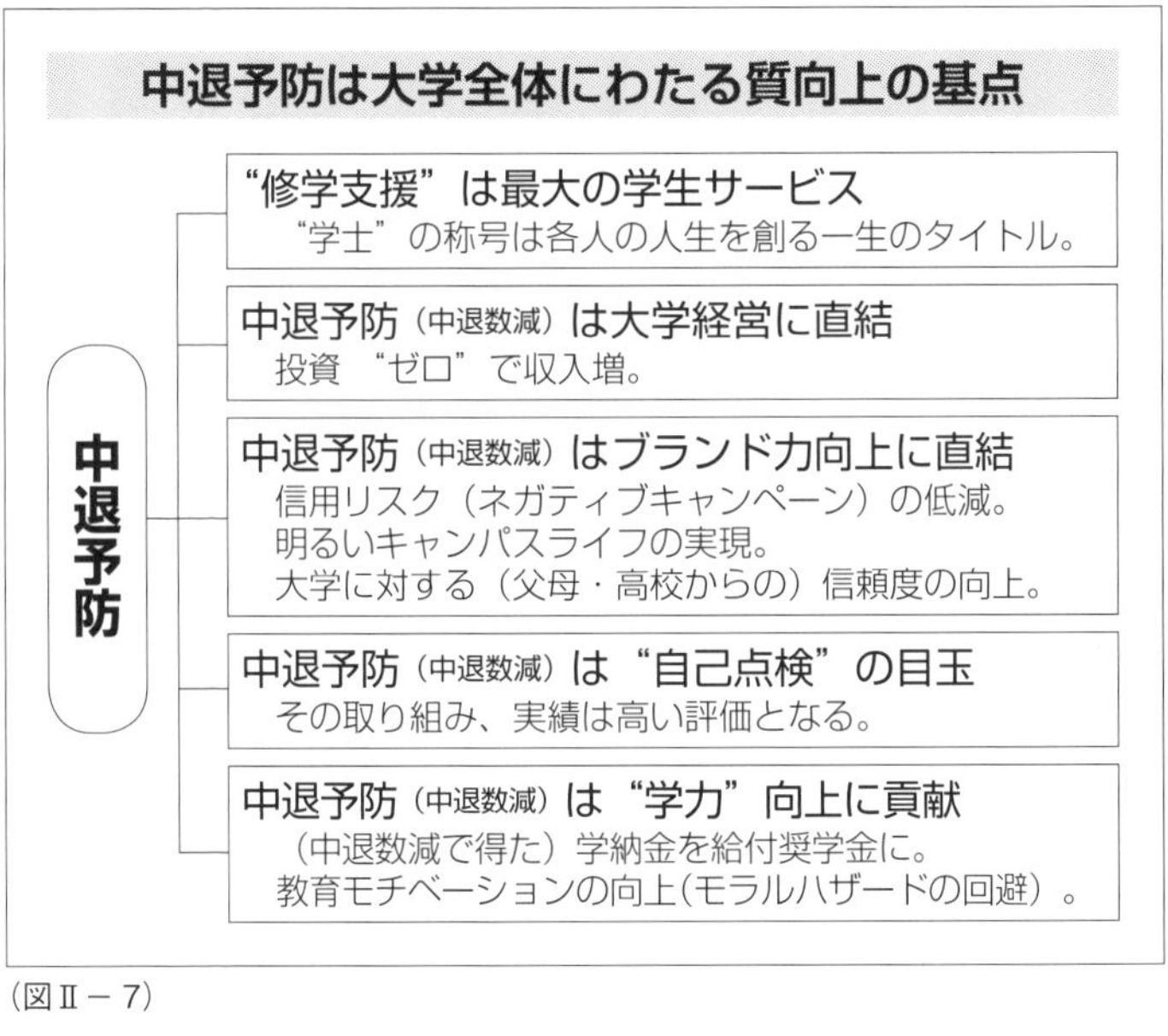
中退予防は大学全体にわたる質向上の基点
中退予防
"修学支援"は最大の学生サービス
"学士"の称号は各人の人生を創る一生のタイトル。
中退予防（中退数減）は大学経営に直結
投資"ゼロ"で収入増。
中退予防（中退数減）はブランド力向上に直結
信用リスク（ネガティブキャンペーン）の低減。
明るいキャンパスライフの実現。
大学に対する（父母・高校からの）信頼度の向上。
中退予防（中退数減）は"自己点検"の目玉
その取り組み、実績は高い評価となる。
中退予防（中退数減）は"学力"向上に貢献
（中退数減で得た）学納金を給付奨学金に。
教育モチベーションの向上（モラルハザードの回避）。

（図Ⅱ－7）

だから入学した学生が、最後まで勉学を全うし大学卒業資格を得ることは、各人の人生にとって極めて大切なのである。そのための修学支援は、大学として学生に提供する最大のサービスの一つである。（図Ⅱ－8）

②中退予防（中退数減）は大学経営に直結

多くの大学では、学校法人の収入の70％余りは学生生徒納付金、いわゆる学費である。したがって、中退者数はそのまま収入の減少に直結している。逆に中退者数を減少させることができれば増収となる。しかも教員数や設備は、原則中退者がいないことを前提に設計されていることから、中退者数の減少数は、そのまま学納金の増収となる。中退予防とは、投資〝ゼロ〟で収入増を実現する取り組みでもある。

“大学卒”は企業が有能な人材を選ぶ指標

－「学士」の称号は一生の財産－

【なぜ企業は大卒を採用するか】

大卒者に高卒の人より高い給料を払って企業が採用する合理的な理由は、経済学で言う「シグナリング」と「人的資本」である。

「シグナリング」

大学の卒業生は、その人がもともと高い知能を持っていたり、あるいは長時間の受験勉強に耐えられる忍耐強さを持っていたりするなど、人材として高い価値を持っていることの「シグナル」と考える。

「人的資本」

大学で身につけた知識や能力が仕事に役立ち、同じ労働時間でもより多くの売り上げや利益を企業にもたらすなど「生産性」が高まると考える。

（図Ⅱ－8）

③中退予防（中退数減）はブランド力向上に直結

大学の評価指標は学生の集客力だが、学生を集めるのではなく、ブランド力を創ることがその本質である。したがってブランド力の向上は、入学応募者を少しでも増やしたい大学にとって大きな課題である。

学生を送り出した出身高校では、その学生の大学での成長に注目している。中退すれば信用リスクは低下しネガティブキャンペーンとなる。その逆に大学で大きく成長して社会に飛び立てば、信用リスクが向上しポジティブキャンペーンとなる。退学者の多い大学のキャンパスは暗く、少ない大学のキャンパスは明るい。

中退予防は、大学に対する父母や高校から信頼を勝ち取り、ブランド力の向上に大きく寄与する。

④中退予防（中退数減）は〝自己点検〟の目玉

各大学では認証評価の受審に向け毎年自己点検評価を行っている。大学の質評価の指標は種々存在するが、中退率もその重要な一つである。アンケートとは異なる学生満足度の指標ともなり、その取り組みや実績は高く評価されることとなる。

⑤中退予防（中退数減）は〝学力〟向上に貢献

多くの学生はバイトに忙しい。教員からすれば少しでも多く勉強に時間を割いて欲しい。勉強している友人が近くにいると、自分もしなければ、となるのも学生の気質の一つである。

だから中退者を減らすことで得られた資金は学生に還元することである。具体的には給付奨学金を増やすことである。例えば、学費が１２０万円で10人削減できたとすれば、１２００万円が資金となる。給付金が10万円なら１２０人、５万円なら２４０人の学生を支援することができる。給付金はわずかであっても、バイト額の時間換算分（例えば時給千円なら10万円は１００時間、５万円は50時間に相当する）を勉強時間に充ててくれれば、学業成績の向上が期待される。

給付にあたり考慮すべき重要なことがある。給付対象者数の設定である。学部、学科の成績上位者数名に給付すると、上位者は多くの場合固定されるので、あまり効果が期待できない。それを上位10名以上に給付できるようにすると、自分もその対象になれる可能性を意識する学生が増加し、勉強をする目標ができる。その結果、教育モチベーションの向上（モラルハザードの回避）に寄与することとなる。

これまでは無いものとしていた資金の使い道は他にもいろいろ考えられる。クラブ活動の援助、海外への留学補助金、など。ただ個人的には、できるだけ中退予防につながる使い道を考えて欲しいと願っている。

(4) 中退予防の目標と施策の恒久化

中退予防の取り組み（活動）はすぐに着手することが肝要である。完璧な予防策などあるはずもない。歩きながら徐々に精度を上げることが現実的である。そのためには〝小さく始め〟、そして恒常的な活動とすることである。

①「日常業務＋α」で取り組む中退予防

まず第一は、目標・目的を大学全体で共有し全部署・部局が連携することである。中退予防は喫緊の課題、全学で取り組むべき課題、と広く認識されている。しかしその実態を見ると、多くの大学ではほとんど進んでいない。その原因を、ガバナンスやリーダーシップの欠如に求める人もいるが、大学は皆日常業務に忙しくそれに取り組む余裕はないのである。

そこで、中退予防の取り組みの定義を明定し、中退予防を推進する核となる一人（少数）が、さまざまな機会を捉えてその意味を説き、共通認識（土壌）の輪を広げること。また、中退予防に関するデータや資料整理など、（日常業務をなるべく妨げないように配慮はするが）日常業務に割り込んで作業を進めなければならないことを想定し、担当者が動き易いような配慮（例えば、プロジェクトなどの公的な組織を作り構成員として任命するなど）が必要である。

次に、従来の「日常業務＋α」で中退者をまずは一人でも減らすことを目標にする。

小さく始めるためのキーは、この「日常業務＋α」にある。すなわち、それまでの日常業務の延長、あるいは若干の付加程度で有効な施策を打つことである。そのためには、データの収集・読み込み・分析に基づくピンポイントの方策の立案・試行をすることが求められる。そしてその先には全学施行（本格導入）へと展開する目論みを、担当者とは認識を共有しながら進めることも大切である。


「日常業務＋α」で中退者を減らすことの取り組みでは、中退者数の削減目標をどこに置くかをはっきりさせておかなければならない。

中退に至る原因は様々あり、マクロな見方では見えてこない、個々人のコンテクストにまで踏み込んだ小さな原因を探り、その原因を排除することによ

中退の理由はさまざま

中退に至る原因は様々あり、マクロな見方では見えてこない、個々人のコンテクストにまで踏み込んだ小さな原因を探り、排除することで、トータルで数十人のオーダーの中退予防が実現される。

$$(\text{中退者総数}) = \sum (\text{原因})_i = \text{原因}_1 + \cdots + \text{原因}_n$$
$$= 4+7+5+ \cdots +3$$

原因 $_1$：不本意入学
原因 $_2$：修学意欲の喪失
原因 $_3$：期待との齟齬
⋮
原因 $_n$：精神耗弱　など

（図Ⅱ－9）

り、トータルで数十人、数百人オーダーの中退予防が実現される。（図Ⅱ-9）

図Ⅱ-10に施策レベルと中退者総数を模式的に表した。施策レベルでは、容易に着手可能なレベルⅠ、アンケートや基本的なデータ分析など少し工夫や労力を要するレベルⅡ、学長や理事長が主導する抜本的な改革が必要なレベルⅢ、それ以下は隠れ浪人など現実的には削減が不可能な領域である。

小さく始める中退予防では、レベルⅠ、レベルⅡの施策で中退者を1／3程度に削減することを目標とするのが妥当ではないかと考えている。

②“中退予防”の取り組み（活動）の恒久化に向けて

中退予防の取り組みを一過性の活動に終わらせ

施策のレベルと中退者総数の模式図

－小さく始める中退予防の目標は1／3の削減 －

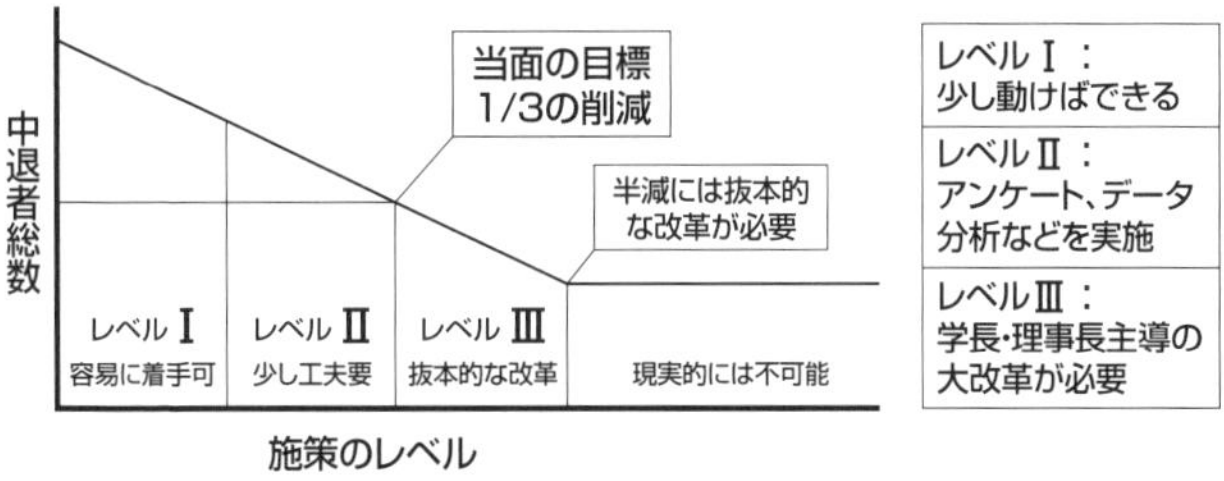

【小さく始める中退予防】

“退学”の根底にある諸要因を分析し、潜在的に学ぶ能力があり、卒業することへの意欲のある学生をターゲットに、施策に（余り）大きな手間を掛けず、中退予防を実現する。

（図Ⅱ－10）

ては意味が無い。日常業務の一環として定着させることが必要である。そのためのステップを整理した。（図Ⅱ−11、図Ⅱ−12）

ステップⅠ：有効なモデルを抽出して方策を創出すること

中退の原因は多岐にわたっており、やらなければならないことは極めて多い。だからと言って総てに対応することは現実問題として不可能である。重要なことは、その原因の中で比較的実行が容易で、かつ特に中退予防に有効なモデルを抽出し、ピンポイントの方策を立案し試行し全学展開に広めることである。それには、中退予防の主担当者と関連部署・部局とがそれぞれのノウハウを持ち寄り、データをベースに仮説を出しながら共同作業で試行錯誤を繰り返すしかない。

“中退予防プロジェクト”の3つのポイント

■中退予防活動は“こころの健康をケアしながら、学生の勉学の目標を明確にして学修意欲を掻き立て、自立の生活習慣を身に付けて修学を継続させるための取り組み・支援”。

→ 目標・目的を共有し全部署・部局が連携すること。

■従来の日常業務＋αで中退者を一人でも減らすこと。

→ データの収集・読み込み・分析に基づくピンポイントの方策の立案・試行・全学施行（本格導入）。

■恒久化（日常業務への組み込み）に向け方策は標準化しシステムとして定着させること。

→ 目標・目的を意識しながら担当部署の日常業務として遂行すること。

（図Ⅱ−11）

ステップⅡ：方策を〝標準化〟すること

日常業務に組み込み、担当者が代わっても（大学組織では日常茶飯事である）誰もが容易にできる有効なフォーマットや手順、内容などを決定すること。標準化に至るまでには、試行的な運用などを通じてブラッシュアップや規定の改定なども必要となる。

これは中退予防の主担当者と関連部署・部局との共同作業で行われる。筆者の経験した実施例では、全学・全学科を対象にしたメンタルケア授業の開講、各学年・学期ごとの目標取得単位数の提示、新入生を対象としたポートフォリオの実施、教員・学生が常時見ることのできる履修科目一覧フォーマット上に表示された授業の出席状況提示などがある。

取り組みの恒久化に向けて

ステップⅠ：有効なモデルを抽出して方策を創出すること。

・“中退予防”の主担当と関連部署・部局との共同作業。
・ピンポイントの方策の立案・試行・全学展開。

ステップⅡ：方策を“標準化”すること。

・（誰もが簡単にできる）有効なフォーマット・内容など決定すること。
　－試行、実運用を通して決定。
　－“中退予防”の主体と関連部署・部局との共同作業。
　　ex.メンタルケアのパワポ、退学率の提示、ポートフォリオ　など。

ステップⅢ：方策の“システム化”。

・各学部・学科の日常業務への組み込み。
・各部署・部局での日常業務への組み込み。

ステップⅣ：恒常的な見直し。

・データによるチェック。
・各担当は日常業務の一貫としてPDCAを回すこと。
・全体は、学長室、学部長室などが管轄。

（図Ⅱ－12）

ステップⅢ：方策の〝システム化〟

標準化された施策を、各部署・部局、各学部・学科での日常業務へ組み込むことをシステム化と呼ぶ。システム化された施策は継続して日々の業務として実行される。

ステップⅣ：恒常的な見直し

中退予防に関わる施策はデータによるチェックが欠かせない。常にＰＤＣＡサイクルを回すことが必要である。毎年入学してくる学生の資質や生活態度・習慣が異なり、中退に至る経緯が異なるからである。より有効な施策となるように改善することや新たな施策を取り入れることが求められる。

3　すぐに始められること

中退予防の取り組みは、その全体像を明らかにして取り組みの優先順位を決めてから着手するべし、という理想論に耳を貸すべきではない。中退は個人の状況に強く依存して発生するため、その予防に有効な取り組みの全体像など簡単には分からないからである。中退予防で大切なことは、有効だと思われる方策を探り当てたら(＊)（仮説が立てられたら）、すぐに始めることである。そして学生たちの反応や効果を見ながらより有効な方策となるように変えていく。中退予防は待ったなしである。少しでも早く対策を打つことが、一人でも多くの学生を中退から救う道である。

＊「相関がある」ではダメで、因果関係のある事象でなければ有効な方策とはなり得ないという指摘がある。論理的には正しいが、因果関係が立証されるまで待ってはいられない。筆者は相関があるだけでも試行する価値はあると考える。教職員の長年の経験に基づく具体的なアクションは重要で、アクションを通じて蓄積されるノウハウが次の有用な方策の創出につながると考えるからである。失敗も大切なノウハウの一つである。

(1) 今あるデータから分かること

どの大学でも、学生のさまざまな修学データを蓄積している。しっかり読み込むことができれば、そこからは中退に関わる有用な知見が引き出せるはずである。しかし実際はそう簡単ではない。

中退者が多いとはいえ毎年数%である。しかも、入学年度によって学生の資質や生活環境が変化し、学年、学科、学部によって修学条件や環境が異なる。それを一様と仮定して分析しても中退の詳細な実態は見えてこないからである。

したがって、まずは大まかな統計データから分かることを抽出し、それを足場に教員の経験とデータを突き合せながら仮説を立て、試行錯誤を繰り返しながら少しづつ実態に迫るしか方法はない。このような地道な分析を進める一方、中退予防に有効と思われる施策についてはすぐに着手することが肝要である。

大まかな全体の傾向を把握するにはそれなりの母数が必要であり1年間のデータだけでは十分ではない。したがって複数年にわたるデータを対象にしなければならない。一方、年ごとに変化する学生の資質や生活習慣などを考慮すると、なるべく近い年のデータで分析を進めたい。そこで、試行錯誤した結果、直近3年間のデータを対象に分析することが適当と考えた。

ここで分析結果を詳細に述べることは余り意味がない。各大学によってそれぞれ事情が大きく異なるからである。重要なのはどのような項目が有用、あるいは特異な結果をもたらすかである。実際に分析した結果を教職員に紹介すると、多くは日ごろ思っている感覚とあまり違わないことが分かる。これだけでも、大学の特性をある程度表していると考えられる。（図Ⅱ-13）

(1) 年ごとの中退者総数

中退者総数は年ごとに変動するが、まずは自校の直近3年間の平均値として概数を算出し、全学で共通認識とすることが必要である。それをベースにして削減数の目標値を定める。

(2) 各学年／各学科／各学部ごとの中退者数

文系、理系でそのパターンが異なることはよく知られている。学科、学部によって特異なパターンを示すことも多々ある。そこからは、自ずと各学年の中退原因が見えてきたり、入試形態、カリキュラム構成が反映されていることも分かる。

(3) 中退者の中で休学履歴を持つ者の数

今あるデータから分かること／対策

(1) 年ごとの中退者総数
- 直近3年間の平均値を自学の中退者総数として共通認識。
- 目標とする削減数を設定（ex. 1／3程度を削減目標値とする）。

(2) 各学年／各学科／各学部ごとの中退者数
- 中退のパターンからその原因を推定。
- 推定された原因をデータ（ ex. 入試形態、カリキュラム構成など）を用いて分析。
- 分析結果に基づき考えられる対応策を立案。

(3) 中退者の中で休学履歴を持つ者の数とリスト
- 休学後に中退する学生の数を把握し中退予防策の優先順位に反映。
- 休学した学生の修学履歴を分析し休学に至る経緯や原因を分析。
- 休学者が復学した時の支援策を立案。

(4) 中退者の取得単位数と GPA の分布
- 学業不振者の実態を詳細に分析し、容易に救済可能な学生を抽出。

(5) 調書と修学データから中退理由を推定
- 多大な労力は必要だが、中退予防の基礎となる。

（図Ⅱ－13）

とリスト

休学後中退に至る学生は多い。その数（割合）は、中退予防施策における優先順位の指標となる。また次の段階では、休学した学生の修学履歴を詳細に分析し、休学に至る経緯やその原因を抽出する作業が必要となる。合わせて、休学者が復学した時、退学に至らないための支援策を立てることも必要である。

(4) 中退者の取得単位数とＧＰＡの分布

中退の一番の原因は学業不振である。取得単位数が少ないいわゆる低単位者、また学業成績が芳しくないＧＰＡの低い者である。しかし取得単位数分布、ＧＰＡ分布を見ると中退者は総て低単位者というわけでも、ＧＰＡが低い者だけではない。これらの分布データから、まず（容易に）救える可能性のある学生が見えてくる。

(5) 調書と修学データとの突合せによる中退理由の推定

中途で退学する場合、どの大学でも教員か職員が当該学生と面談し、退学理由などを聞いて調書を作成する。調書には記入のフォーマットはあるが、その調書だけからでは中退に至った真の原因を同定することは極めて難しい。一つには面談した教員（職員）によって調書内容の詳細度が異なるからである。また、学生が申告する中退理由が必ずしも正確とは言えないからである。ただ、中退理由を大まかにみると、学力不振、精神耗弱、経済的理由が大半で、その他に他大学や専門学校への移籍、海外留学、就職なども見られる。

一方、退学した者の修学データと退学理由を突き合わせると、精神耗弱、経済的理由と書いてある場合でも、実は低単位がその根本の原因と考えられることが多々あった。例えば、単位が取れず精神的に追い込まれて不登校になり退学するケース、単位が取れず留年を繰り返すうちに経済的に学業を継続することが難しくなって退学するケースなどである。前職の大学の場合、中退者の7割程度はこの低単位が原因ではないかと推察された。中退予防を考える場合、まずはこの調書と修学データを読み込む作業が必要で、そこには、担当者の多大な労力が必要である。

データの分析を進めるのと並行して、中退した学生と面談した。データ（中退時に作られた調書）からは読み切れない中退に至った真の理由を聞き出すためである。

電話をしても本人が電話口に出ないケースも度々あった。話をしたが会いたくないというケースもあった。会う約束をしていたが、ドタキャンで待ちぼうけを食ったケースもあった。その一方で、「大学を辞めてから3年も経つのに、まだ息子の面倒をみてくれるのか。」と電話の向こうで泣く親もあった。

私が面談した退学者は、家業を継いでいる一人を除いてすべてフリーターであった。退学する時は何とかなると思っていたと言うが、現実は厳しく皆正職に就けていない。中退して初めて、大学を頑張って卒業することの意義に気付いたと口々に話をした。はじめは口を閉ざしていたが、1時間近くいろいろ話すうちに、ようやく退学した本当の理由を話してくれた。退学の理由はさまざまであるが、大人の感覚からすれば、他愛のない、何でそんなことで、と思うようなことが多い。そして、面談した人は皆再入学することとなった。私の勤めていた大学では、再入学する時の検定料が3万5千円、再入学するとそれまでに取得した単位は引き継がれる。再入学し、感謝の言葉を残して社会に巣立つ姿を見ると、一人でも多くの学生が中退の崖に落ちないよう支援したいと切に思う。私が中退予防に心底取り組まなければならない、と思った原点はこの面談と感謝の言葉を残して社会に巣立つ姿を見たことである。

実感として、中退者の中に復学を希望する者はそれなりの数潜在している。何らかの理由で大学を中退する学生には、復学の道が残されていることを話し、再入学規定の文書を必ず渡すこととした。（面談をしてみると、退学時には必ず再入学規定について話をしているが、そのことについては誰も覚えていないことが判明した。退学時には再入学のことなど全く頭になかったのであろう。）

復学も広義の中退予防の取り組みの一つであるが、他方、面談には多くの時間・労力が必要である。そこで、リソースの限られた業務の中で取り組む小さく始める中退予防では、今在籍している学生を対象にした取り組みを優先すべきであろう。

(2) 今すぐに始められる中退予防の取り組み

①メンタルヘルス授業の実施（図Ⅱ－14）

退学理由に多く見られるのは「精神耗弱」である。心のケアは中退予防に欠かせない重要な課題の一つである。

大学生活はこれまでの高校生活とは全く異なる。受講する科目を選択することも授業に出席することも、学外での時間の使い方も、高校時代と比べものにならないほどたくさんのことで自由度は大きい。そして、その自由の中で選択したことは、自分が決めた事であり、全て自分の責任となる。言われるままに過ごしてきた高校時代に比べ、これは大きな精神的負荷となっている。地方から来た学生は下宿する。初めての一人住まいである。友達がいない場合は孤独に陥る。新入生には様々な精神的ストレスがか

メンタルヘルス授業

【新入生向けメンタルヘルス授業】

大学生活の中で出会う可能性のある心理的不調･疾患を具体的に知ることで、心理面の不調に陥った時に、そのことに自分自身で速やかに気づき、適切な対応や相談ができるようになる。また、日常生活の中でのストレスやそのマネージメントの方法を知ることで、自らのメンタルヘルスを保つことについて学ぶ。

【学部３年生・修士１年生向けメンタルヘルス授業】

就職活動や卒業研究／研究室配属によって引き起こされる心理的プレッシャーやストレスに負けず、充実した学校生活を送り、卒業するために、これから出会うかもしれない心理的不調や疾患について具体的に知り、それらを予防･対応ができるようになることを目的とする。また、心のメンテナンスやトレーニングを覚え、ストレスを抱えにくい柔軟な思考を身につける。

（図Ⅱ－14）

かる。

このような新入生に向け、入学時に開講するメンタルヘルスに関する授業は極めて有用である。各大学では健康相談室などメンタルヘルスを担当する部署を持っている。そのような相談窓口のあることを大学のパンフレットなどに書いてはあっても、ほとんどの学生は読んでいない。新入生向けのメンタルヘルス講義は、「学生自身が自らのストレス状態を把握し、生活の見直しやストレスの対応を必要に応じてコントロールできることが大切だとの認識に立ち、学生に対し、自らのストレス状態を把握する方法や、ストレス・コーピングについて情報提供を行う」という、一般的な内容がよい。受講した新入生から、

・「様々な精神的な病気があるが、それぞれに解決策があることがわかった。大学生活は楽しみたいと思った。」
・「一人暮らしを始めたばかりでまだ不安や心配があるので、とてもためになった。」
・「一人で悩まずに誰かに相談することができるかもしれないので、恥ずかしがらず相談していくことが大事だと思った。」

など極めて高い評価が返ってきた。ただ、この授業を新入生総てに受講させるに至るまでには、授業の重要性や有用性の認識が学部・学科で温度差がありそれなりの労力が必要であった。

この授業をしっかりと聞いてもらうためには、60分程度で行うのが適当と思われる。それをど

のような形で実施するかは大学（学部・学科）の事情によるであろう。新入生ガイダンスに組み込むこともあるが、新入生はガイダンス疲れをしている。ある授業（できれば全学生が出席する必修科目）の1回分として行うのもよい。この場合、科目担当教員がいるので学生はきちっと聞く。授業以外の時間（例えば5限）に特別に設定して行うこともある。この場合は、学生への周知を徹底し、担任などの先生も出席して行わないと、出席しない学生も出てくる。（出席しない学生ほど聞いて欲しい学生の場合が多い。）

趣旨を理解し開講することに協力的な学科もあれば、本来の授業の方が大事であるなどをその理由にして非協力的な学科もある。どの大学にでもよくある全学で実施する場合の難しさである。

もう一つ重要なことがある。当然のことではあるが、話す内容と授業担当者が適切に設定されていることである。加えて、担当者に全てを任せる丸投げはいけない。プレゼンの資料について は事前に見せてもらい、自校の学生にとって相応しいかをチェックする。内容は専門家である講師の専任事項であるが、全体の構成や分量、難易度や表現などについて遠慮なく議論することである。また毎回の授業には同席し、難しい専門用語などが多用されている場合には学生目線で話をするように改善を求めることも必要である。

新入生ばかりではなく、就職活動や研究室の配属（私の勤めていた大学では4年生は全員必修の卒業研究があり、そのために必ずどこかの研究室に配属される）を控えた3年生と修士課程1年生を対象にして、12月頃にメンタルヘルスの授業を開講することが中退予防に有効である。

中退した学生たちとの面談などから、「学業や人間関係の行き詰まり」「就職活動での圧迫面接による心理的ダメージ」など、3年後期に入ると、研究室配属や就職活動が引き金となって起こるストレスが多々発生しているからである。このようなストレスが発生し始める直前の大学3年生と大学院修士1年生に対し、ストレスに関する正しい知識を持たせて、学生の心の健康を守ることが必要である。

新入生向けにはメンタルヘルスに関する一般的な内容の話をするが、3年生、修士課程1年生向けには話す内容が異なる。例えば、前述の就職の試験の中で行われる圧迫面接についてである。面接官が次々と難題を浴びせて、その回答の適確性や精神的耐力を評価する面接である。経験のない学生の中には、その趣旨を理解しないために全人格を否定されたと捉えて自信を喪失し、それが引き金となって退学する学生がいる。圧迫面接とは何かではなく、圧迫面接を行う側の立場で精神的なストレスの掛け方などについて説明すると、余裕をもってその面接に臨むことができる。

・「圧迫面接の存在を知ることができただけでも、心してかかることができるので良かったです。」
・「この講義を通じて、自分の弱さと向き合えた。」

・「うつ病についての知識がなかったので、大変勉強になりました。」など学生の評価も高い。

新入生向け授業と同じく、全学での実施にはいろいろな壁があるが、私の勤務していた大学では、12月頃に全学科を対象に各学科ごとに行う就職ガイダンスの中に組み込む方向で検討が進められている。

②出席確認システムの導入

近年多くの大学では出席確認システムが導入されている。教室の入り口で学生証をかざすと自動的に出席が登録されるシステムである。

一般に低単位者は出席状況が芳しくない。そこでこのシステムを活用して何回か連続して欠席すると、大学から本人、あるいは保護者に電話などで連絡を入れ出席を促す大学がある。この面倒見の良さによって退学の崖から何人かの学生が救われていると思われる。

私の勤務していた大学ではこのシステムを活用し、履修届を出した科目を一週間の一覧として表示するとともに、各科目ごとの出席状況（○：出席。△：遅刻、×：欠席）を書き込んだ「出席情報閲覧システム」を開発し、学生、教員双方が常に閲覧できるようにしている。授業によっては4回以上欠席すると不合格とする科目があり、学生からすれば自分の出席状況を把握して単位取得に向けてスケジュールを考える一助としている。教員は、学生との面談時にこの情報を使い、例えば1限の授業に欠席が多い時には、夜のバイトなどがその要因となっていないかなど、生活指導にも使っている。出欠状況の把握とそのデータに基づく適切な指導は、中退予防に有効である。さらに、修学データと突き合せることによって、個人個人の特性が見えてくる場合があり、内容の濃い指導が可能になる。

③休学者に向けた「復学説明会」

休学した学生がその後中退に至るケースは多い。筆者の勤務していた大学では、中退者のおよそ1／3は休学経験者であった。

休学すれば同期の学生と授業で一緒になる機会はほとんどなく、友人ができず孤立する。ある報告によれば、休学者を一堂に集めて顔合わせをすると、学科を超えて休学者の間で連帯が生まれ孤立感が低減し、立ち直るケースがあったという。

そこで、休学期間を終え復学する新学期が始まる直前に、休学者を集めて復学説明会を開催した。学年、学科はいろいろである。しばらく大学に来なかったために生じる登校のしずらさも、学生であふれる前の大学に来ることでその抵抗感を和らげる。履修届の手順や、3年生には必要に応じて就職活動に向けたスケジュールを説明する。精神的な悩みや困ったことがあれば一人相撲をとらずに、先生や教員、学生相談室に行くことなどを学生課の職員が中心となって説明する。休学者が全員参加するわけではないが、説明会を終え「ありがとうございました。」と言って出ていく時の学生の顔は、初めに教室に入って来た時の顔とは明らかに違っている。復学説明会は始めたばかりであるが、今後は休学する時に、復学する学期の直前に復学説明会のあることを知らせるチラシを配布することにしている。復学説明会が浸透するにはまだ時間がかかるが、これも中退予防に寄与すると確信している。（図Ⅱ–15）

④目標を示すこと

キャリア教育の重要性が叫ばれている。大学に入学しても、その先のキャリアパスが描けない学生が多数いるからである。大学を卒業し社会に出て活躍する姿を想像できない学生が多数いるからである。学ぶ専門科目がどのように社会で活かされるのか想像できないからである。学ぶ目的をはっきりさせ、自分なりの目標を定めて勉学に勤しむ学生が中退することは少ないであろう。医学系より理工学系、理工学系より文系の方か中退者の割合が多いのは、このことと無関係ではない。そこで多くの大学では、初年次のカリキュラムにキャリア教育を組み込んで

復学者向け説明会

―中退者の1／3は休学経験者―

開催時期：復学する学期の初め
／新学期が始まる直前

内容：

- 学年暦・後期スケジュールの確認
- 履修登録手続について
- 学籍について
- 通学定期の購入について
- 学生生活諸注意事項について
- 就職活動のスケジュール
- 質疑応答　　　など

（図Ⅱ－15）

いる。

　多くの学生は大学側が推奨する科目を履修する。それらの科目で合格点を取れば、概ね卒業に向けて必要な単位数が取得できる（文部科学省の設定する卒業要件は最低１２４単位であるが、それ以上に設定している大学も多数ある）。卒業要件を満たすために必要な単位を各学年、学期でどのように取得すればよいかが、余り明示されていない場合がある。大学での勉学の仕方は、その多くが個人の裁量に任せられているからである。ただ時々、「1学期でどれくらいの単位をとればよいですか。」と訊かれることがあった。私の勤務していた大学では、4年生は必修科目の卒業研究（4単位）があり、この卒業研究のために、4年生で授業を取る時間はほとんどない。したがって3年生までに卒業に必要な単位をほぼ揃えておかなければならない。そのためには、各学期で20単位以上取得することが目標となる。これまでのデータを分析すると、各学期で20単位以上取得(＊)した学生は、どの学部、学科でも等しく97％以上卒業していることが分かった。

　そこで、各学期の最初の授業で、当該期の累積単位取得目標数を周知するようにした。単位が不足している者には、当該学期でどれくらい単位を取得する必要があるかの目標がたてられる。ボーダー付近にいる中退予備群には重要な情報となる。

＊1年前期：20単位以上　後期：累積40単位以上

2年前期：累積60単位以上　後期：累積80単位以上
3年前期：累積１００単位以上
3年後期：累積１２０単位以上

⑤推薦入学者の調査書の分析

多くの大学では、入学する学生を確保するため推薦入学者を募っている。通常の一般入試で入学してきた学生と推薦入学者では、一般に推薦入学者の学力が劣っていることが多い。だから入学試験偏差値が50以上の大学では、一般入試やセンター試験入試の割合を大きくした方が学力の高い学生を確保できる可能性が高いという。ただ、一般入試の応募者数は保障されているわけではないので、通常、推薦入試で一定数の学生を確保することとなる。また、入学試験偏差値は一般入試で算定されることから、推薦入試の数を多くし、一般入試で入学する学生数を絞ることで、入学試験偏差値を上げることもあり得る。

推薦入試は大学によってその位置づけは様々であるが、その重要性は変わらない。ただ、上述したように学力の低い学生が混じる可能性が高いので、その学生をできるだけ早い段階で見出し、指導支援することが重要となる。

高校時の学業成績やクラブ活動の状況などを記した調書は、一般入試により入学する学生が3

月末なのに対し、推薦入学者はその数か月前に大学に提出される。その情報から新学期が始まる前に低学力予備群を見つけることができれば、早期の指導支援が可能となる。

高校時の休学が多い学生は大学での授業出席率も芳しくない、推薦入学者に課す入試前レポートの成績と入学後の修学状況には相関がある、などの報告もある。また、多くの大学で実施している入学前に課す課題への取り組み姿勢が、入学後の勉学態度、さらにはその結果としての修学状況に反映されるという。さらに、入学当初に実施するプレースメントテストの成績と退学との相関、調査書評価の高い学生が退学する理由など、大学によって状況は異なるが、これまでのデータを分析し、それぞれの大学で低学力予備群や退学予備群を早期に見出すための仮説（モデル）を構築することが必要である。（図Ⅱ-16）

(3) 中退に直結する学びの実態に関するアンケート調査

中退予防の取り組みを始めて分かったことは、この取り組みの基盤となるべき、学生たちの「学びの実態」を大学として把握していないことであった。

学びの実態調査に関する報告は多いが、筆者の関心は中退者と最後まで勉学を全うして大学を卒業する者とでは何が異なるか、その相違点を明確にするための学びの実態調査である。その結果から中退予備群を早期に発見する糸口を見出し、早期支援に結び付けたいのである。すなわち、学びの実態調査から筋の良い仮説（モデル）をたて、その仮説を検証するために調査軸を決定し、データの収集・分析を進め、中退予備群を早期に発見する知見を得たいのである。

（図Ⅱ－17）

学生たちの受講状況や思い、生活状況などはアンケートで聞くしかない。私の勤務していた大学では、学籍番号や名前を書いてアンケートを取ることをしないことが、最近まで全学に共通した暗黙の了解であった。そのため、私が勤務していた時の記名式のアンケートには、

・調査結果は大学教育の改善にのみ使

今すぐに始められる中退予防の取り組み

(1) メンタルヘルス授業の実施

－入学時に開講する全新入生向けメンタルヘルス授業。
－就活などを控えた3年生と修士課程1年生を対象にしたメンタルヘルス授業。

(2) 出席確認システムの導入

－履修届科目を一週間の一覧として表示するシステムとの連動。
－出席状況のモニタ結果に基づく生活指導。

(3) 休学者に向けた「復学説明会」

－休学期間を終え復学する新学期が始まる直前に。
－休学時に、復学者説明会の周知（開催予定を載せたチラシを配布）。

(4) 目標を示すこと

－初年次のキャリア教育。
－各学期ごとの取得単位の目標数。

(5) 推薦入学者の調査書の分析

－低学力予備群の早期発見と支援や指導。

（図Ⅱ－16）

用すること。
・回答は大学での成績評価とは一切関係のないこと。
・データはセンター（実質的には徳永）が責任を持って管理すること。
・データは匿名化し、個人の回答が他に流出することはないこと。
・記名したくない場合は記名しなくてもよいこと。
との前書きを付けた。アンケートは最初にその趣旨や意義を説明した後実施した。その結果、91％を超える学生が記名しそのうちの1／3超は必要であればインタビューを受けることも受諾してくれた。そのデータを修学データと結合して分析した。（図Ⅱ-18、図Ⅱ

“早期発見”“早期支援”へ向けた“学びの実態調査”

Step1　“学籍番号記入”のアンケート調査
Step2　アンケート結果の集計・分析……“学びの実態”
Step3　修学データとの結合
Step4　アンケート結果と修学データとの関連度分析
Step5　“早期発見”“早期支援”施策の立案・試行・実施

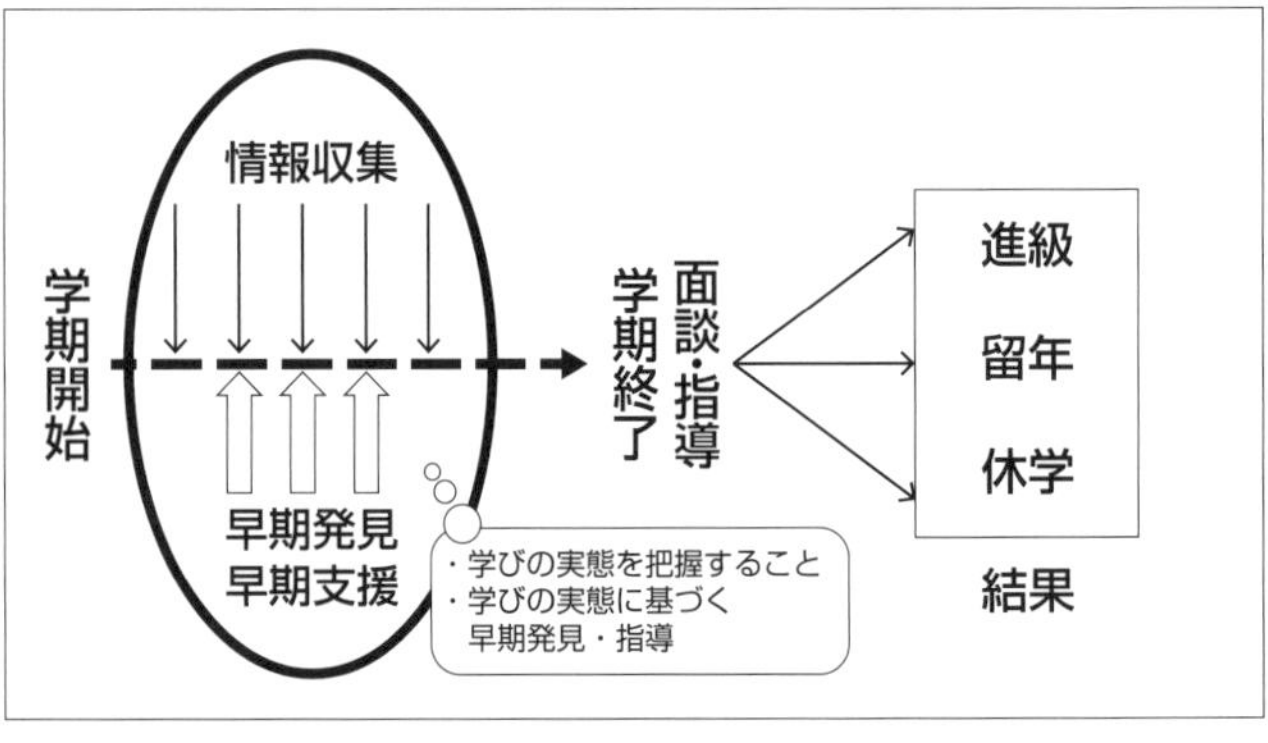

（図Ⅱ－17）

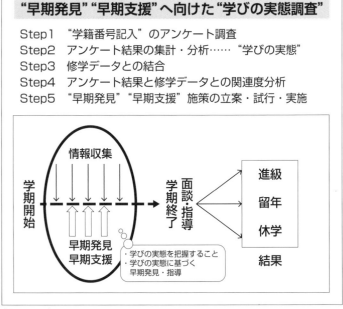

(19) アンケート結果から、例えば、

・「学修の手引き」は過半数が読んでいる。
・必修科目は9割以上が知っている。
・卒業条件や卒研着手条件は2年生の8割以上が知っている。
・授業前にシラバスを確認するのはほぼ半数。
・基礎科目で得意な科目は代数、不得意な科目は英語の割合が高い。
・尊敬できる先生がいないのは約2割。
・座学でノートを取らない1年生はほとんどいないが、2年生は1割程度となる。

中退に直結する学びの実態に関するアンケート調査

■“中退”に直結するアンケート項目とは、低単位者と高単位者の相違を浮き彫りにすること。修学態度、生活習慣、メンタルなどが主要な項目と考えられるが、試行錯誤の状況にある。
・自校の文化、状況に合致した適切なアンケート項目を見出すことが必要。

■アンケート項目数はできるだけ少なくすること。
・学生はアンケート疲れをしており、ピンポイントの設問が回答の精度を高める。

■アンケートの実施に当たっては端的に（そして十分に）その趣旨を学生に理解させること。
・学生たちが自分たちにとっても有用と思うことでなければ協力は得られない。
・できれば、（ネット上で行うのではなく）教室で顔を見ながら説明し実施する。

■アンケート結果は修学データとリンクさせて分析するため、アンケートでは記名式で行うことになるが、その個人情報については、管理をしっかりしておくこと。

（図Ⅱ－18）

・レポート課題は8割程度が期日どおり提出している。

・授業外学習時間は8割以上が5時間／週以下である。

・自習でわからないことがあった時に先生に質問するのは1割以下である。

・7割以上がサークルに所属している。

・7割以上がアルバイトをしている。

などが明らかとなった。

しかし、このアンケート結果と修学データを結合し、低単位者と高単位者の明快な相違を引き出すことができていない。低単位者は10数％程度であり

アンケート結果と修学データ との結合例

学生	アンケート結果						取得単位数				修学データ				
No.	Q1	Q2	Q3	Q4	·····	Q20	総取得単位	必修単位	不可単位	··					
1	2	1	3	1	·····	2	22	8	0	··	情報工学序説	物理実験1	*論理回路*	工学英語1	···
2	1	1	1	3	·····	2	12	2	10	··	情報工学序説	*解析学*	*論理回路*	離散数学	···
4	3	2	3	1	·····	1	18	4	6	··	情報工学序説	離散数学	*論理回路*	工学英語1	···
5	1	1	1	2	·····	3	20	8	2	··	情報工学序説	物理実験1	*論理回路*	*代数演習*	···
6	2	3	2	1	·····	2	18	8	2	··	情報工学序説	物理実験1	*論理回路*	*解析学*	···
7	3	3	3	1	·····	1	22	8	0	··	情報工学序説	*代数演習*	*論理回路*	文化人類学	···
⋮	2	2	3	1	·····	1	10	2	10	··	情報工学序説	物理実験1	*論理回路*	工学英語1	···
	2	1	1	2	·····	3	20	8	0	··	情報工学序説	物理実験1	離散数学	*代数演習*	···
	1	2	1	3	·····	2	20	6	4	··	情報工学序説	*解析学*	*論理回路*	文化人類学	···
	2	1	2	2	·····	3	20	6	2	··	情報工学序説	物理実験1	*論理回路*	工学英語1	···
	3	2	2	1	·····	1	16	6	4	··	情報工学序説	*代数演習*	離散数学	工学英語1	···
	2	1	3	1	·····	2	24	8	0	··	情報工学序説	物理実験1	*解析学*	法学	···
	⋮									⋮					⋮
	2	1	3	1	·····	2	21	8	0	··	情報工学序説	離散数学	論理回路	代数演習	···

（網掛け）：必修科目　斜字体：選択必修科目　下線は不可

（図Ⅱ－19）

データ数が少なすぎることが一番の原因であるが、適切な設問とは何であるかが掴み切れていないことも大きい。

これらのデータを見ながら何人かの教員や職員と種々の議論をする中で、アンケートだけで学びの実態が本当に把握することができるか、という根本的な問題も指摘された。

・大学には不本意で入学した、あるいは大学には不満足だが成績優秀者は中退する危険性が高いのではないか。
・〝インタビュー可〟と回答した学生で、必修科目が不合格の学生は助けを求めていないか。
・共通教養科目で、出席管理システム上では出席となっているが成績が不合格となっている学生は、学生カードをかざした後退席しているのではないか。その多くの学生は後ろに座っているはずである。
・1年前期で基底科目（全学部に共通する必修科目）を全て落とした学生は不本意入学者と思われる。1年で退学していないか。
・科目ごとに集めて特性を分析する必要がある。
・課外活動に入れ込みすぎて基底・必修科目を落としている例はないか。
・成績優秀な学生と学業不振（基底・必修科目が不合格、低単位）学生の典型的なパターンはあるか

などである。他にも、

・先生をリスペクトしているか否かは受講態度に直接反映される。これこそ重要なのではないか。
・普段どのようなグループと行動を共にしているか。成績優秀者と成績不振者では明らかにそのグループが異なる。

などであり、アンケートではなかなか把握しにくい事項である。また仮に上記のことに該当する学生がいた時、それを一般的なモデルとするためには、さらに多くのデータを集めなければならない。

学生はアンケート疲れをしている。多岐にわたる詳細な設問は、結果として回答の信頼度を低下させる。(*)それぞれの大学に特有の的確なピンポイントの設問を作ることはもとより、アンケートの趣旨を学生に十分理解してもらうためにアンケート実施の際に冒頭で行う短時間で学生の心をつかむプレゼンテーションも大切である。(**)

＊A3判1枚に収まるアンケート用紙（20数問程度）で実施している。

＊＊ネット上でアンケートを行えば、学籍番号を自動的に取得でき、またアンケート結果の集計も容易であるが、筆者は敢えてアンケート用紙で行っている。手間ではあるが、お互いに顔を見ながら行うアンケートの

方が信頼性の高いデータが得られると考えているからである。結果をOCRで読み込むため、用紙の四隅にはマークが付けられている。（図Ⅱ-20）

中退予防は簡単ではない。しかし、今すぐ始められる取り組みもあり、その取り組みによって救うことのできる学生は確実に存在する。同時に、取り組みを進めることによって、大学全体に中退予防についての関心を高めるという効用もある。

アンケート用紙の例

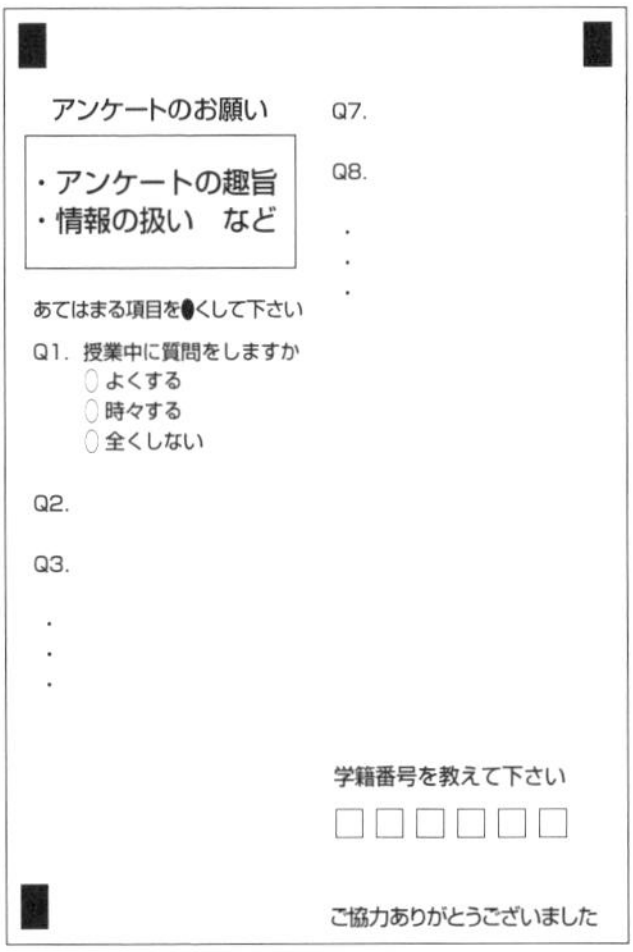

・A3用紙1枚に収まる設問数。
・隅にある■は、結果をOCRで読み込むためのマーク。
・冒頭、アンケートの趣旨や個人情報の管理責任者などを明記。

アンケート調査項目
－入試形態
－暮らし方／通学時間－成績
－修学意欲／入学時の志望－成績
－修学満足度－成績
－修学状況－成績
－友人／相談室などの利用－成績
－課外活動－成績
－将来の目標－成績
－経済状況－成績　　など

（図Ⅱ－20）

4　修学ポートフォリオによる新入生の生活習慣指導

中退予防のキーは、〝その芽を早期に発見し少しでも早くその芽を摘むこと〟、である。特に高校を出たばかりの新入生は、日常の生活や学習の環境がそれまでと全く異なることから、新入生教育が極めて重要である、と大学側も認識している。そこで、入学直後には様々な工夫を凝らした新入生オリエンテーションが企画されている。しかし、それだけでは十分でないことを、中途退学者の数が示している。新入生教育についてはまだ有効な方法を見いだせていないのである。

中退の原因の大半は、単位の取れないことがその根本にあると考えられる。(*) 単位を取得するにはまず授業に出席することが大切である。そこで、多くの大学では必修科目などで連続して欠席すると当該学生本人、あるいはその保護者に連絡を取り出席を促す。この対応はそれなりの効果はあると考えられるが、今以上に中退者の数を削減するためには、さらに別の手段を考えなければならない。

＊前職の大学の場合、中退者の7割程度はこの低単位が原因ではないかと推察された。

(1) 学期末指導

前期の成績が出揃えば、誰が低単位者で中退の危険性の高い学生かが見えてくる。そこで、後期が始まる前後に担任が当該学生と面談し、なぜ単位が取れなかったのかなどを聞きながら、これからの生活習慣や学習方法について指導する。

これは広く多くの大学で行われている指導形態であるが、過去のデータをよく見ると、ここには重要な課題が潜んでいる。

第一は、前期の成績から中退の危険性の高い学生をどのようにして抽出するかである。数年にわたる修学データを詳細に分析すると、低単位者あるいは必修科目を落とした学生全てが中退しているわけではない。無事に卒業している学生もそれなりの数存在している。重要なことは、低単位でありながら卒業する学生と、低単位であるがために中退する学生とで何が違うのかを洞察し、モデル（仮説）を立てて中退の危険性の高い学生を高い確率で抽出する新しいアルゴリズムを導き出すことである。

第二は、後期が始まる前後で面談し指導するが、その後のフォローをどのようにするかである。面談で「後期は頑張ります」と言うその学生が、その後どのように頑張っているかを途中でチェックする機会が現実にはほとんどない。タイミングよく後期の授業にその学生が履修している場合はまだよいが、そうであることは一般に稀である。

第三は、前期を無事乗り越えて順調に大学生活を送っているように見えた学生が、突然辞めてしまう場合である。低単位が原因ではない。したがって、大学側からすればノー・マークである。隠れ浪人ならば前期からその兆しがあるが、そうではない。せっかく大学に入学した学生に何かがあったのである。日ごろから学生と接触していなければ、それを察知することはできないであろう。

(2) 新入生全員を対象とした修学ポートフォリオ

修学を継続させる一番のポイントは、〝大学で生活する上で必要な習慣を身につけ自己管理できるようにする／自立させること〟と考える。そこでこの自ら予定を立て行動する習慣を身につけるための支援方策の一つとして修学ポートフォリオの導入を試みた。

新入生は高校時代とは全く異なる生活環境の中に置かれることから、入学した1年前期にこのシステムを導入し、新しい習慣づけを支援することが特に有効であろう。

中退予防では、不登校になったり授業についていけなくなった時、その芽を早期に発見し早期に支援することが大切である。統計的にはどの授業にも数％の中退予備群が存在する。これまでは、前述のように前期が終了し成績が出揃った時点で低単位者をリストアップし、該当学生に教員が指導する、というのが一般的である。欠席が重なる場合は学期途中でも注意することは可能だが、授業についていけなくなったことを検知することはなかなか難しい。授業に出席していても授業についていけないのは、多くの場合勉強をしないからである。(＊)

＊大学設置基準の第21条には「1単位の授業科目を45時間の学修を必要とする内容をもつて構成することを標準とし」と書かれている。ほとんどの科目は2単位であり、この設置基準に沿えば、毎回の授業の予習復習に4時間当てなければならないが、現状は、多くの大学でそこまで日々の授業についてしっかり勉強をする学生はほとんどいない。

しかし当然のことではあるが、毎回の授業ごとに（4時間とは言わないが）学生は少しでも勉強をしなければならない。

数％の中退予備群の多くは、勉強する生活習慣ができないまま学年が進み、最後は退学の崖から落ちてしまうのである。一方、大半の学生は、高校とは異なる新しい生活環境の変化に対応して、徐々にではあるがそれなりに大学生として修学を全うするために必要な勉学方法や生活習慣を身につける。

期末になって成績が出る前に彼らを指導するには、本来は必要のない学生を含む全員を対象にした指導しかない。この場合、理想的にはこれまで単位の取得ができなかった学生は単位が取れるようになり、本来指導の必要のない学生には指導することによって、指導しない場合よりも彼らの成績が向上することが期待される。すなわち、全員を対象にした生活習慣指導によって、もし全体の成績の底上げが実現されれば中退予防を超える施策と言えよう。（図Ⅱ－21、図Ⅱ－22）

以下に紹介するのは、修学ポートフォリオを用いた生活習慣指導の取り組みの例である。

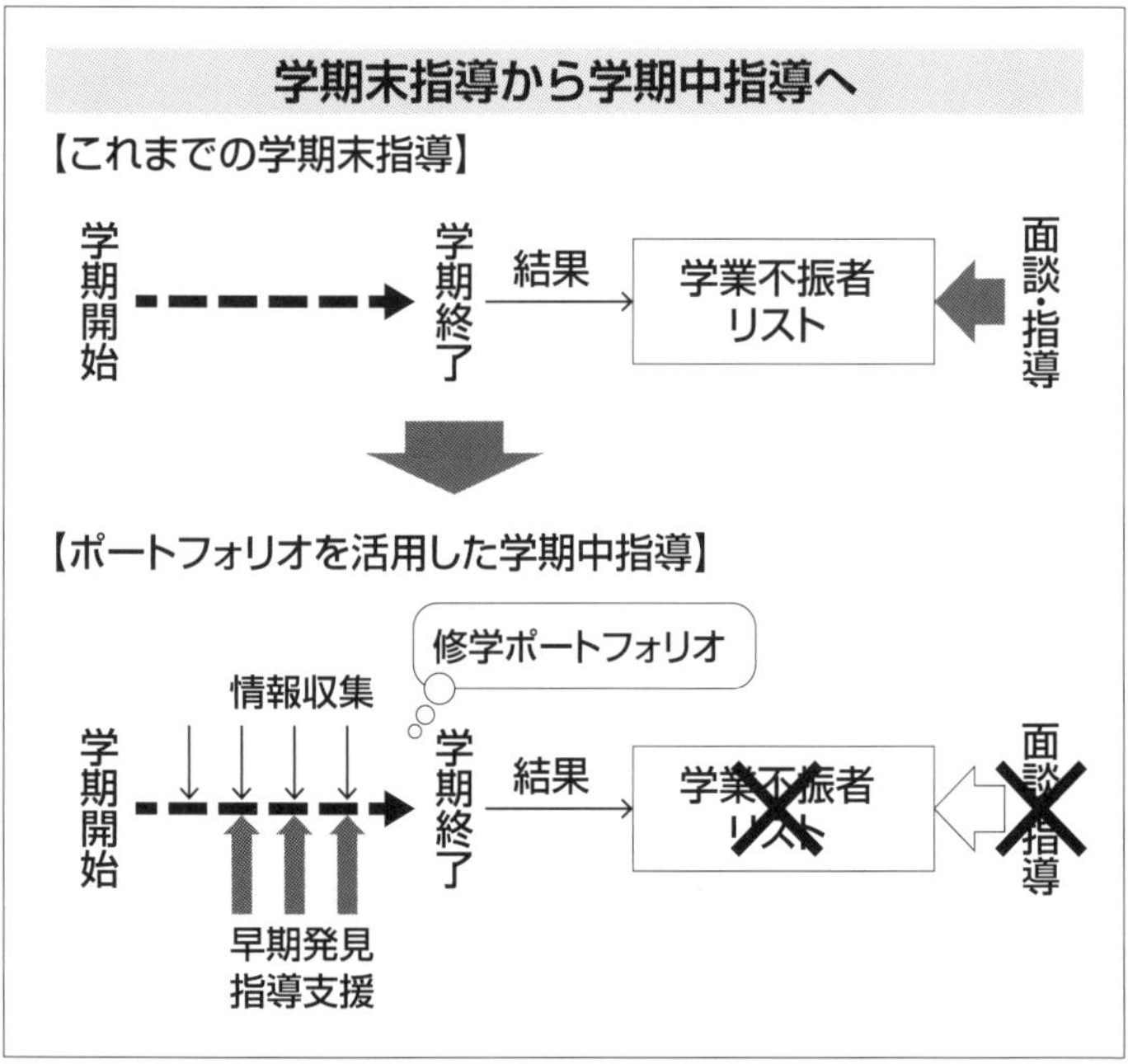

（図Ⅱ－21）

(3) 修学ポートフォリオの導入

ある学科では毎年約１００名の学生が入学する。その1年生は前期に必修科目の演習を取らなければならない。この演習では、学生10名に1人のチューター（大学院生が担当）がついて演習の補助をする。そして、演習の最後には毎時間20分程度時間をとり（ホームルーム（ＨＲ）と呼んでいる）、チューターは各班の学生が記入した修学ポートフォリオに書かれたことを読み、履修科目全体の受講状況や生活状況について助言することとした。（図Ⅱ－23）

【チューターへのレクチャーとシステムサポート】

修学ポートフォリオを導入するにあたり、システム開発者も参加してチューターに講習会を開く。チューターには使い方を習熟してもらうことやシステムの改良点を見つけてもらうためである。また、この修学ポートフォ

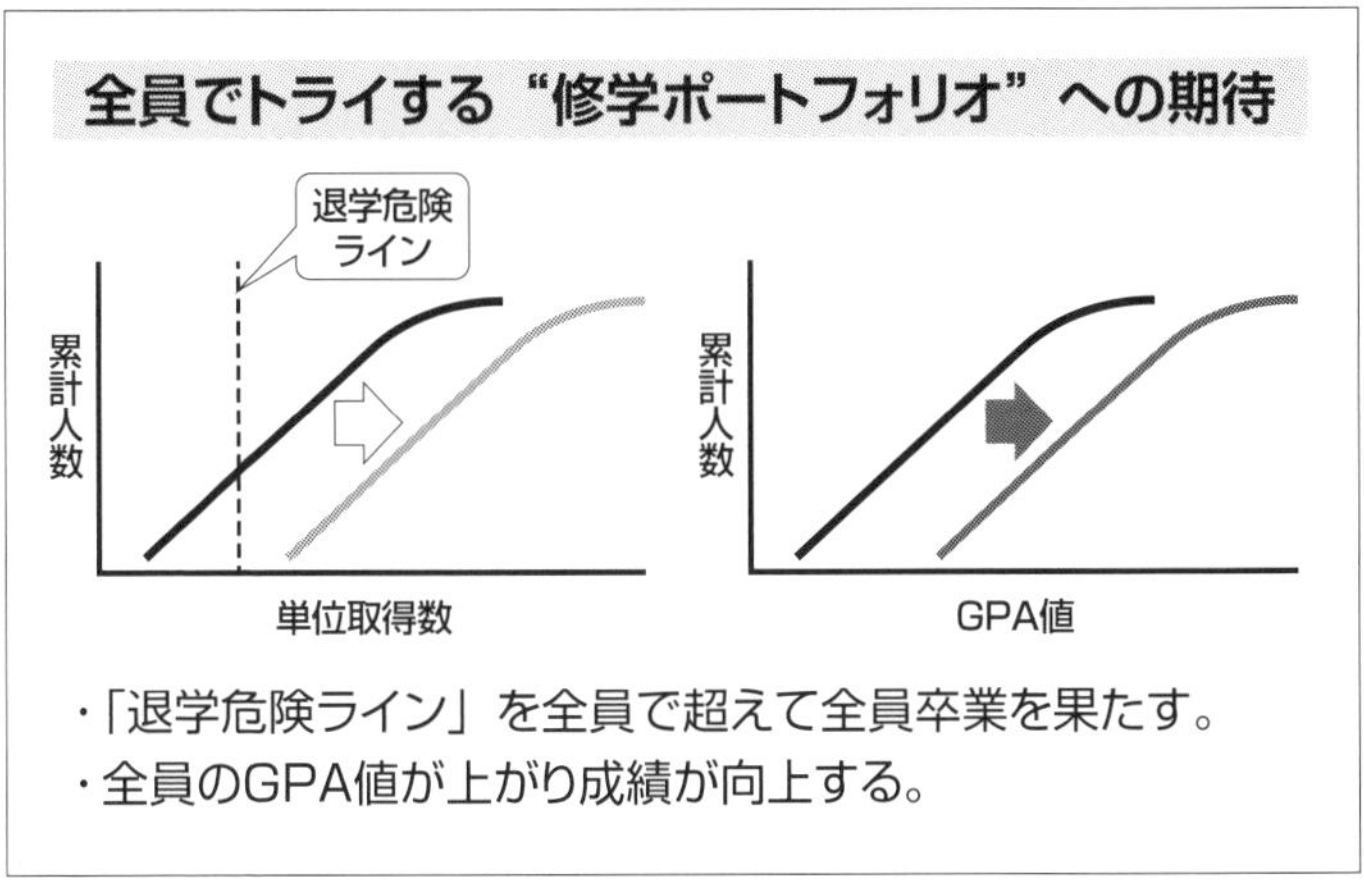

（図Ⅱ－22）

リオを使ってどのような指導を行うか（後述の「アドバイス例」参照）についても議論する。特に、どのような状況が発生した場合に、教員に相談するかについては十分な意識合わせが必要である。また、想定されるシステムに関する質問についても事前の打ち合わせが必要である。

【修学ポートフォリオのフォーマット】

この修学ポートフォリオはエクセルベースで作られている。一画面には、土日も含め1週間分の予定表が表示され、週が変わるたびに次週分が表示される。

予定表の一番上には、その週の目標と振り返りを一言書く欄がある。その下には大きな欄があり、履修登録した科目すべてが時間割に沿って曜日ごとに自動的に記入されている。その各科目の下段には毎回の出席状況が、○（出席）▲（遅

修学ポートフォリオ導入の狙い

■大学という新しい環境の中で、自律的に学び修学を全うするための生活習慣を身に着ける手助けをすること

－授業に遅刻せず出席すること。
－分からないことは質問すること。
－予習・復習すること。
－課外活動やバイトなどの健全さを常に保つこと。
－予定を立て実行し、日々の行動を振り返ること。
／生活のリズムを作ること。

■つまずきを早期に発見し、ともに解決策を考えること

－（主に）学生が記入する授業コメントから、つまずきの芽を抽出すること。
－メールや面談などにより、小さなつまずきの解決策を共に考え、実行すること。

（図Ⅱ－23）

刻）■（欠席）ー（休講）で示される。この出席状況は、各授業が終了すると自動的に更新され、自分の受講状況を常時見ることができる。各曜日の下段には「振り返り」という欄があり、毎日の反省を数行記入する。その他、放課後フィールド、睡眠フィールドがあり、それぞれ、放課後クラブ活動などで過ごした時間、睡眠時間などを記入する。（図Ⅱ-24）（図のフォーマット例では、日曜日の欄、睡眠フィールドは省略されている。）

【修学ポートフォリオの実施手順】

・学生は、毎日その日の行動の振り返りを記入し、毎週金曜日には次週の予定表を記入する。また、金曜日にはその週の目標であったことに関し、振り返りを一言記入する。

・チューターは毎週土日に、自分の班の学生たちが前週に記入した修学ポートフォリオを読み、各学生の修学状況や生活状況などについて月曜日のＨＲの時に適宜アドバイスをする。

―対応の難しい問題や特異な状況が生じた時は、すぐに教員と相談し、教員が対応する。

―修学ポートフォリオの使い方、利用上のトラブルなどは学術情報センターの支援を仰ぐ。

・チューターは、ＨＲの状況、欠席や遅刻が多い学生、授業中の態度が特に悪いなどの注意が必要な学生へのアドバイス内容やアドバイスに対する学生の反応、などについて毎週、教員へメールで報告する。

・教員はチューターの報告書を読み、必要に応じてチューターへの指導や学生の面談などを行う。

・学期末に、修学ポートフォリオに関するアンケートを学生とチューターに行い、その結果を学科会議に報告する。

【チューターが学生へアドバイスをする時の留意点】

・修学ポートフォリオは「大学生活に必要な生活のリズムを作ること」が目的であることを常に念頭に置くこと。

・冷たくならないことや高圧的にならないことに留意し、丁寧に、親身に対応すること。

・良いところを見つけて褒めること。

ポートフォリオのフォーマット例

前の週		今週	
目標	アルバイトを減らす	目標	確認試験に向けて線形代数を復習する
振り返り	アルバイトを辞めたら1限の遅刻が無くなった		

		4月20日(月)	4月21日(火)	4月22日(水)	4月23日(木)	4月24日(金)	4月25日(土)
1限	履修科目		確率論と情報理論	微分積分1	線形代数1		
	出席状況		△×○	△△○	△×○		
2限	履修科目		情報工学概論	微分積分1演習	線形代数1演習	技術者の倫理	スポーツ（テニス）
	出席状況		○×○	○○○	○×○	×○○	○△△
3限	履修科目	プログラミング入門1	TOEIC 1A	TOEIC 1B	離散数学	物理実験1	
	出席状況	○○○	○○○	○○○	○○○	○○○	
4限	履修科目	プログラミング入門1			芝浦工業大学通論	物理実験1	
	出席状況	○○○			○○○	○○○	
5限	履修科目	教職1			教職3		
	出席状況	○○○			○○○		
6限	履修科目	教職2			教職4		
	出席状況	○○○			○○○		
放課後	勉強	1h	2h	無し	1h	2h	1h
	部活・サークル	無し	無し	4h	無し	3h	5h
	アルバイト	無し	3h	2h	無し	無し	3h
	その他	2h	無し	無し	3h	無し	2h
振り返り（授業・放課後）		プログラムの書き方が少し分かってきた	英語はもう少しやらないといけない	朝の遅刻がなくなった	教職のある日はちょっとつらい	物理実験はレポートが大変だ	明日は早起きして部活の試合

（図Ⅱ－24）

・小さなつまずきを見つけたら、その原因を学生と一緒に考えアドバイスをすること。また、必要に応じて教員に相談すること。
・プライベートなことに踏み込みすぎないこと。

【様々な場面でのアドバイス例】

〈修学ポートフォリオを記入していない場合〉

・毎週、週末には次の週の予定を忘れずに記入してください。予定と振り返りを繰り返すことで、自分の生活のリズムを早く作ることができます。
・休日も予定を書いてください。週日ではなかなかできないことに取り組むことで、メリハリのある生活になります。
・放課後のクラブ活動や睡眠時間も記入してください。睡眠時間を確保することは、しっかり授業を受けるためにはとても大切です。
・もし、修学ポートフォリオの記入の仕方が分からない時はいつでも私に聞いてください。

〈遅刻・欠席が多い場合〉

・1限目の遅刻が多いようです。夜は早く寝て遅れないように登校してください。もし、深夜のアルバイトだったら、夜10時には終わるアルバイトに替えた方がいいでしょう。

・欠席しているようですが、体調が悪いようだったら病院に行くようにしてください。
——遅刻・欠席が多い場合は、教員に相談してください。アルバイトのし過ぎや、体調不良が続くなどした時は教員が対応します。

〈「理解できなかった」「分からなかった」「欠席した」などの記述があった場合〉
・（基底科目なら）学習サポート室を利用するなどして、必ず分かるようにしておいてください。勉強は小さな一つ一つの積み重ねです。
・分からないところは先生に訊いて理解しておくこと。分かるようになると、勉強は結構面白くなります。
・図書館にも参考になる本がいろいろあるので探してみるのもいいでしょう。
・欠席したところの資料は先生からもらっておくこと。また、友達にノートを見せてもらって、追いつくこと。
・授業中に質問はしていますか。分からない時はすぐに訊く習慣を付けると勉強が進みます。

〈試験が近くなってきたら〉
・来週は試験ですね。今から勉強のスケジュールを決めて準備してください。
・10日もすると試験です。分からない所は先生や友達に聞いて理解しておくこと。

〈（中間・小）試験の結果が出たら〉

・試験の結果はどうでしたか。できなかった所は必ず先生に聞いて理解しておくこと。勉強は積み重ねが大切です。

・不得意な科目は授業の時前の方に座って聞くと気持ちが前向きになるし、質問もしやすくなります。

・（いい結果が出たら）頑張りましたね。次もこの調子を落とさずに頑張ろう。

〈その他〉

・課外活動は大いに頑張ってください。でも、勉強も忘れずに。

・連休にはこれまでの復習をしておくこと。中間試験が楽になります。など。

(4)　修学ポートフォリオを実施する上での留意点

全員を対象にした修学ポートフォリオは、それを実行する側の教員やチューターも、それを受ける側の学生にもそれなりの負担がかかる。対象となる人数が多ければ、実行する側には単純にその数に応じて負担増となる。

一番の大きな問題はそれを受ける学生側にある。対象とする全員の中には、潜在する数％の中退予備群以外に、本来、支援が無くとも自分で生活のリズムを作ることのできる大多数が含まれているからである。この大多数の学生をいかに本気で修学ポートフォリオに取り組ませることができるかが、実はこの取り組みの成否を分ける一番重要な鍵となる。大多数が熱心に取り組めば、自ずとそのクラスで取り組む文化が醸成されるからである。したがって、まずは修学ポートフォリオ導入の意義について説明をする冒頭のプレゼンが極めて重要となる。

現在もこの修学ポートフォリオを使った学生の指導を継続中であるが、これまでに得られている実施上の留意点についてまとめる。

①重要なイントロダクション

修学ポートフォリオを導入するにあたり、まず全員の琴線に触れる〝修学ポートフォリオ〟の意義を簡潔に話すことが極めて大切である。

この取り組みは中退予防の一環であるから、当然、なぜ中退をしてはいけないかを話すことが第一である。

本学の中退者数は毎年150名程度あり、中退した人たちと面談すると、そのほとんどの人が正職につけずフリーターである。そして皆が口にするのは、「大学を頑張って卒業することがいかに重要であるかが社会に出て初めて分かった。」である。そして面談した多くの人が再入学して卒業していることを話す。さらに、大学を卒業することにはどのような意味があるのかについて、新聞の記事を紹介する。そこには、〝大学卒〟は企業が有能な人材を選ぶ指標にしている。それは、「シグナリング」と「人的資本」に依拠するとある。また、別の記事を使って、生涯賃金の比較で大学卒が高いことを示す。

第二には、学期末指導から学期中指導への移行についてである。

中退を防ぐために、これまでは学期の終わりに学業不振者のリストが作られ、新学期の初めに担任の教員と（場合によっては保護者も同席し）面談して、なぜ単位が取れなかったのか、これからどのように勉学に取り組むかなどが話し合われる。しかしそれでは遅く、現実に毎年１５０名もの退学者が出ている。学業不振となる大きな原因の一つは、大学生に相応しい生活習慣を身につけることができなかったからである。そこで、この生活習慣を身につけるための支援ツールとして、本学科では「修学ポートフォリオ」をこれから皆さん全員にやってもらうことにした。

（図Ⅱ‐21）

第三は、大半を占める〝できる学生〟が「修学ポートフォリオ」をやる意義についてである。

学業不振となるのは、大学生として適切な生活習慣（リズム）を身につけられないことが大きな原因である。しかし、大半の学生たちは勉強が進む中で自力で生活のリズムを徐々に身につけて大学生活を送るようになる。

そのような人たちが修学ポートフォリオを利用すれば、より早く、より適切な生活のリズムを作ることができると考えている。その結果、勉学も進み、何もしなかった時と比較すると、より勉学が進んで成績もより向上することが期待できる。

図Ⅱ-22は、修学ポートフォリオの取り組みをする前後の成績分布を模式的に表した図である。理想的には、全員の単位取得数が増加し、一番少ない者も退学危険ラインを越えて、学業不振者がいなくなる。また、GPAも全員が向上する。多くの大学では、奨学金の給付や海外へ研修する時の補助金などを、成績によって決めるのでより良い成績を取ることは学生にとって極めて重要なこととなる。

第四は、取得する単位数など目標値を示すことである。

多くの学生は大学側が推奨する科目を履修する。それらの科目で合格点を取れば、概ね卒業に向けて必要な単位数が取得できる。しかし、卒業要件を満たすために必要な単位を各学年、学期でどのように取得すればよいかは、一般に余り明示されていない。大学での勉学の仕方は、その多くが個人の裁量に任せられているからである。ただ、学業不振者は取得単位数が不足している学生で、この1学期間でどの程度単位を取得すればよいかについて余り理解していない。前職の大学では、各学期で20単位以上取得することが目標となる。これまでのデータを分析すると、各学期で20単位以上取得した学生は、どの学部、学科でも等しく97％以上卒業していることが示されているからである。

そこで、データを示しながら、この学期の取得単位数の目標値が20単位以上であること、また学業不振者としてリストアップされる条件を明示してそれをクリアすることがまずは目標であることを話す。

最後の第五は、まとめと大学としての期待である。

「全員で修学ポートフォリオにトライすることによって、『退学危険ライン』を全員で超え、本学で初めての全員卒業を果たそう。」

「全員のＧＰＡ値／成績を向上させて、給付奨学金や海外研修ではより高額の補助金を獲得しよう。」と、まとめた後、大学として期待していることは、「皆さんと協力して修学支援効果の高い新しい修学支援方法を開発し、それを全学に広めて、本学全体の学力向上を図りたい。そのためには全員でしっかり取り組み、所期の成果を是非上げて欲しい。」ことであることを話した。

プレゼンの時間はおよそ15分である。また、ここで使用した9枚のパワーポイントは、後から誰もが見られるよう共通のフォルダーに納めてある。

②重要なフォローとプッシュ

〈チューターへのフォローとプッシュ〉

チューターからは毎週、各班のレポートメールが教員に送信される。教員はそのメールを読み、コメントを付けて返信する。教員の負担は小さくないが、そのコメントによって、チューターは学生により適切なアドバイスができるようになる。(＊)

＊この取り組みをして気づいたことは、教員と学生の間に立ってシステムを動かしているチューターこそ（学生ではなく）一番成長したことである。

チューターの報告と教員からの返信例である。

チューター：A君は、就寝時間が24時以降だが、遅刻・欠席をしていない。毎晩3時間を勉強にあてている。

教　員：就寝時間を含め、生活時間と学修の両面に目を配ったチェックをしてくれており、大変良いと思いました。

チューター：B君は、1限の遅刻が多いことがPFから分かったので、話を聞いた。自宅が遠く、遅刻せずに登校することが結構厳しいとのこと。1限に基底科目がある日があるようだったので、今後の予定（授業の取り方や必要単位など）について話をした。個人的には出席状況と授業の状況に関する自由記述に効果があると感じます。

教　員：PFから抽出した情報で、個人的に話を聞いてフィードバックしてくれている様子が報告されていて、大変良いです。

チューター：基礎力学は単位を諦めたのか遅刻者が多い。どうにか単位がとれるように話し合ってみる。来週全員から意見を募って、どうしたら基礎力学の単位が取れるか話し合ってもらう。

教　員：班のPF全体から共通する課題を抽出し、HRの中で班全員で共有して、意見交換・情報交換の場として活用しようという試みと受け取れました。当初のPFの期待をはるかに上回る活用法で、こういった試みが出てくると非常に嬉しいです。

〈学生へのフォローとプッシュ（その1）〉

修学ポートフォリオを始めて3週間もすると、いろいろな問題点が浮かび上がる。システムが立ち上がらない、記入しても記憶されないなどの誤操作やシステム上の問題。注意しても全く記入をしない、あるいは一部しか記入しない者。

本システムは、（最後の時間に行ったアンケート調査の結果から）毎日5分程度あれば必要事項を記入できるのであるが、連続して記入のない学生とは教員が面談することとした。

一つのグループは授業に出席している学生である。話をすると真面目で課外活動なども積極的に参加していた。彼らは、自律的に生活習慣を身につけることができる学生で、なぜ修学ポートフォリオなどというおせっかいなシステムを使わなければならないのか、自分には不要だ、と考えているグループであった。中退予防に向けて、大学では種々のデータ分析やアンケート調査を進めていることをじっくり話すと、その趣旨を理解して最後は協力します、と言ってその後は模範的な学生となった。本システムを導入するにあたって、初回にその意義を説明はしたが、説明時間が短かったこともあり、十分な理解を得られていなかったのである。

もう一つのグループは授業の欠席が多い学生である。人数は多くはないが重症である。修学ポートフォリオによる支援・指導以前の問題である。当然のことではあるが、大学に来ないではなく、来れない学生には別の対処が必要である。

〈学生へのフォローとプッシュ（その2）〉

3週間の本システムの運用状況を踏まえ、担任の教員がＨＲの時にパワーポイントを使って話をした。タイトルは、「大学でスムーズに単位を取っていくには、どうしたらよいか？」である。

1枚目のパワーポイントでは、1年前期でリズム（大学生としての生活習慣）を作ることが大切である。リズムを作れないと結果として単位を落とすことになり、ひいては、警告・退学勧告を受けることになる。

「重い病気にかかってから治療するのではなく病気を予防しよう！修学ポートフォリオはヘルスチェックと同じ。

いま実施している修学ポートフォリオは、君達1年生とチューター＋教員の間での情報を共有するかけ橋なのです。」

と話し、さらに2枚目では、昨年修学ポートフォリオを実施した1年生の感想を紹介した。

「過去を振り返るときや、自分はこの日にこんなことをしていたのか、などの記録をいつでも確認でき便利でした。より勉強しなければいけないないという思いが強まり、以前よりも、より多くの勉強時間が確保できたと思います。」

また、チューターからの報告を受け、今年の1年生の修学ポートフォリオの使い方の例を紹介した。

「講義に関する重要なメモ（課題の期限、etc.）を記すなど、スケジューラーとしてうまく使いこなしてくれている人もいました。」

そして最後に、

「修学ポートフォリオ、どうせやるなら役立てよう」という呼びかけで締めくくった。

修学ポートフォリオは、毎日5分程度の時間で記入できるが、それでもそれを使う学生の負担は大きい。また、やらせっ放しではなく、常にモニターして状況を把握し、その状況に応じて学生たちのやる気を少しでも喚起するフィードバックやプッシュが必要である。仕組みを運用する側にもそれなりの努力が求められる。

③次のステップに向けた評価

最終回に修学ポートフォリオに関するアンケート調査を実施するとともに、修学データについても比較評価した。その結果、

・1年生全員を対象に修学ポートフォリオを実施したが、期待したような全体の取得単位数やGPAを引き上げる効果は見られなかった。

・学業不振者（17名）と1年生全員と比べると学業不振者にとって、修学ポートフォリオはやってよかったと多くが回答している。しかし、授業への取り組み、勉強に費やす時間には結びついていない。また、チューターが修学ポートフォリオに内容をもとにコメントや指導をしてくれたことについて高く評価していた。

結論として、今回実施した修学ポートフォリオは自分がどう生活しているかを気づかせるツールとしては機能したが、そこから先、勉強につながる行動を起こさせる所までは至っていないことが判明した。

前期で使用した修学ポートフォリの形式については、教員、チューターそしてシステム開発担当者と議論しながら、いろいろな思いを取り込んでいる。その結果、使う側の学生にとっては少し煩雑なシステムとなったと考えられる。そこで、〝大学生活に必要な生活習慣を身につけ自己管理できるようにする／自立させること〟のために、どのような目標を掲げ実行／振り返りが有用であるかを議論し、記入項目などの簡素化した新たな修学ポートフォリオを作り、後期は学業不振者に絞って修学ポートフォリオを実施することとした。その実施に当たり、該当する学生に「なぜ前期では単位が取れなかったか。なぜ必修科目を落としたか。後期はどのように取り組もうと考えているか。」について事前にレポートを出してもらった。このレポートからは、学習サポート室のあり方や教える側の問題点も明らかとなった。

1年間の試行から得られた知見をベースに、さらに改良を加えた修学ポートフォリによる、2年目の〝大学での新しい生活習慣づけ支援〟の取り組みが始まっている。

入学したばかりの1年生の前期における教育や生活指導の重要性については言をまたない。しかし、どのような施策が有効かについてはほとんど聞かない。修学ポートフォリオの導入の試みは、その施策の一つである。これが有効な手段となるためには、継続して実施し、その大学になじむ修学ポートフォリオの形式を整えながら運用のノウハウを蓄積することが必要である。

5　データの分析と施策

中退予防の取り組みでは、まず自校のさまざまなデータを分析し、中退の実態を把握することから始まる。そこからは毎年の中退数、学部や学科、学年ごとの特徴的な中退のパターン、中退の理由、休学経験者の中退者数などが明らかとなる。そして、中退者の削減目標数を設定することや中退の予兆を見出すヒント、中退予防のための施策などが見えてくる。

ここで注意すべきは、ある年の中退パターンが他の年も同じようなパターンになるとは限らないことである。中退者が多いとはいえ毎年数％である。しかも、入学年度によって学生の資質や生活環境が変化し、修学条件や環境が異なる。それを一様と仮定することには無理があるからである。したがって、入学年度によってかなり変動することを念頭におきながら、中退予防の取り組みを進める必要がある。例えば、ある年度の学生には極めて有効であった施策が、次の年度の学生には余り有効でないこともあり得る。

中退予防の取り組みを進めていると、外野はすぐに「その結果今年は何人削減できたか」と問いたがる。年によって多い時もあれば少ない時もある。大切なことは、教員の長年の経験とデータを突き合せながら仮説を立て、有用と思われる施策をすぐに実施・継続することである。そして、その結果を見ながら変えてゆけばよい。中退予防は待った無しである。少しでも早く行動し、一人でも多くの学生を救うことが肝要である。

学生たちの面倒をよくみている教員や職員の方たちが有効と考える施策は、結果がすぐに現れるか否かは別にしても、長期的には必ず有用な結果をもたらす可能性が高い。メンタルケアの授業、学期毎の取得単位目標の提示、休学者に向けた復学者説明会、履修科目の出席状況をいつでも見ることのできるシステム、などはすぐに実施可能で有効な施策である。

上述の、すぐに実施可能な施策に加え、さらに有効と思われる仮説を立てて施策を打ち出すため、次の2項目について分析した。

⑴１年生の単位取得状況の分析。
⑵広義休学者の分析。

(1) 1年前後期の単位取得状況から見えること

中退者の多くは単位が取得できない低単位者であることはデータが語っている。1年の前期は特に大切で、前職の大学の場合、20単位以上単位を取得すると97％の学生が卒業している。（図Ⅱ－25）

〈1年前期の低単位者〉

1年前期に単位を全く取得しないのは、いわゆる隠れ浪人で半期または1年で退学する。5単位前後、10単位前後しか単位を取得できない層の学生は低単位者と位置づけられる。しかしこの層の学生は、実は半数以上が卒業しているのである。(*)

＊大学には8年間在籍できる。従って、入学年度ごとの中退者数を数え上げるためためには、入学してから8

1年の単位取得状況と卒業／中退パターンの分析

(1) 前期の単位取得数と卒業生の割合
　－直近3年間の平均値が95%以上の単位数を目標値として公表。
　－それ以外の数値は一切公表しないことに注意。

(2) 後期の単位取得数と卒業生の割合
　－直近3年間の平均値が95%以上の単位数を目標値として公表。
　（できれば、前期と同じ単位数にすると目標値が覚えやすい。）
　－それ以外の数値は一切公表しないことに注意。

(3) 前期の単位取得数と後期の単位取得数との比較
　パターンA：前期と同様に後期も低単位が継続。
　パターンB：前期低単位だったが後期は単位数が増加。
　パターンC：前期高単位だったが後期は単位数が減少。

（図Ⅱ－25）

年間追わなければならない。前職の大学の場合、過去数年間のデータを分析したところ、各学年の退学者数のほぼ90％が5年までに退学している。

前職の大学では、後期開始直後に担任が1年前期で取得した単位数が低い学生と面談する。各学期で20単位以上取得すれば97％の学生が卒業していることを踏まえ、低単位者にはまずこの20単位以上を念頭に置きながら、数年かけて徐々に挽回する修学目標を立てて指導する。目標を示すことは、中退予防の観点から極めて重要である。もう一つデータが示す重要な点は、前期では低単位であった学生も、後期に20単位以上取得し挽回すると、その後順調に単位を積み重ね大半が卒業している、という事実である。初めは低単位であっても、1期分であれば3年までには十分に追いつくことができるからである。学生への指導では、この点を強調して修学意欲を掻き立てる工夫も有効である。

後期以降も低単位が続く学生の大半は、単位数を挽回する目途が立たないまま2年または3年以内に退学するパターンをたどることとなる。

低単位と高単位を繰り返す学生は当然、修学年数が長くなる。そして、4年、5年経っても全取得単位数が80単位以下の場合にはほとんどが退学する。途中で頑張るのだが、卒業に必要な残りの40数単位が取れず、修学意欲の低下や年数の経過とともに経済的な困難に陥るケースである。

このパターンの学生は基本的には低単位者であり毎学期面談の対象となる。しかし、やる気になれば単位を取ることができる能力を備えている。したがって、面談のポイントは、3年までに80単位程度取得させるように指導を続けることである。ここまで来れば、残りの1年で不足分の単位を取得する目途が立ち、さらに5年で卒業研究に着手することが十分可能である。各学期毎の目標取得単位数を示しながら継続的に指導をすることが退学を防ぐ道である。

〈1年前期の高単位者〉

1年の前期では20単位以上取得した高単位者が、2年、3年の途中で目標とする単位を取得できず、学年が進むにつれて結果として低単位者となり退学する者が少なからず存在する。(*)高単位者だからと言って油断はできないのである。

*ある年度のデータでは、その年の中退者の1／3は1年前期の取得単位数が20単位以上の者であった。

前期は20単位以上取得しているため学業不振者ではない。大学で単位を取ることはそう難しいことではない、と安直な認識を持ってしまったのかもしれない。バイトやサークル活動にはまってしまったのかもしれない。彼らのその後の経緯をたどると、その学年までに取得すべき目標単位数から徐々に離れて低単位者となる。場合によっては、取得単位数ゼロの学期も出てくる。したがって、前期に20単位以上取得した学生が、後期は20単位以下になった場合、その学生とは面談する必要がある。面談のポイントは、

・後期が低単位となった原因をよく話すこと。
・学ぶ意味などを考え修学意欲を呼び戻すこと。
・生活のリズムが適切かをチェックすること。

などである。1年後期が終わった時点で適切な指導をすることで、中退の芽を摘み取ることができる。（図Ⅱ－26）

(2)　〝広義の休学者〟は全退学者の80％

「休学届」を提出した休学者は中退する可能性が極めて高い。前職の大学の場合、休学経験者のほぼ半数は退学する。休学は退学の重要なシグナルである。

退学者の単位取得状況を時系列に並べて一覧すると、単位取得が〝ゼロ〟である学期が含まれていることが極めて多い。休学した学生の単位取得数は当然〝ゼロ〟である。そこで、休学届は出していないが、単位取得が〝ゼロ〟の学生を「広義の休学者」と捉える。単位を全く取れてい

ない学生は、ほとんど大学に来てはいないと考えられるからである。実質は「休学者」である。数は少ないが、その学期の履修届を出していない学生もいる。当然、単位を取得することはできない。これも同様に、実質は「休学者」である。

退学者数と広義の休学者数について、数年間分のデータを分析した。広義の休学者数は毎年、およそ2百数十名である。その内訳は、休学届のある休学者がおよそ40%、届の無い実質上の休学者が60%である。例年、退学者は150名程度であるが、届出有りの休学者の45~50%、届出の無い実質上の休学者の64~

単位取得状況と面談／指導のポイント

(1) パターンA：1年の前期、後期とも低単位

- 明らかな中退予備群。
- 1年分の単位不足であれば、残りの3年間または4年間で挽回は可能。
- 3年間または4年間で挽回する長期計画を立てることがポイント。

(2) パターンB：前期より後期は単位数が増加

- 後期に20単位以上取得して挽回すると多くの場合卒業。
- 後期に改善した理由を明らかにしてその状況を継続維持する指導。
- その後、低単位と高単位を繰り返すと中退予備群となる。継続した観察により早期に危険な芽をつみとることが必要。

(3) パターンC：前期より後期は単位数が減少

- 前期高単位者は後期単位数が減少しても累計の単位数が多く学業不振者ではないが、この減少傾向が続くと後年になって中退予備群となる。
- パターンCは極めて危険な兆候。早期に適切な指導が必要。
- 単位取得数が下がった原因、生活のリズムなどについて、1年後期が終了後速やかに適切な指導が必要。

(図Ⅱ－26)

70％が退学している。そして、全退学者のうち広義の休学者はいずれの年も80％を超えていた。（図Ⅱ－27）

(3)　広義休学者の退学パターン

前述のように、1年で退学する学生は隠れ浪人であろう。2年以上在学し退学する学生の大半は広義の休学者である。したがって、休学届を出さない〝取得単位ゼロの休学者〟の特徴を捉えることができれば、退学から救える可能性がある。

休学届を出す休学生は一般に保護者も了解している。したがって、休学中の生活は原則、保護者の監察下にあると考え

“広義の休学者”

⑴ 休学は退学の重要なシグナル
　－「休学届」を提出した休学者は明らかな中退予備群。
　－休学経験者のほぼ半数は退学。

⑵「休学届」を提出した者だけが休学者ではない
　－履修届を出していてもその学期の取得単位数がゼロである学生は、ほとんど大学に来てはいない実質の休学者。
　－履修届を出していない学生は、当然、単位を取得することはできない。これも実質の休学者。
　－届け出を出した休学者より、届出の無い実質の休学者の方が多い。
　－ある学期の取得単位数がゼロである者を「広義の休学者」と呼ぶ。

⑶“広義の休学者”は全退学者の80％
　－広義休学者の４０％が休学届有り、60％が無し。
　－休学届有り休学者の45～50％、届出無しの休学者の65～70％が退学。
　－全退学者の80％は広義の休学者。

（図Ⅱ－27）

てよい。また、休学が特に健康上の理由によるのであれば医師からの指導もある。この休学者に対して大学側として考慮すべきことは、休学期間を終えて復学する時に、勉学や大学生活に無理なく入っていけるよう、復学説明会を開催するなどのケアであると考える。

一方、休学届を出さない実質上の休学生については、保護者がその学生を休学状態にあると認識していない場合が多々あり、また、大学側も注意深く観察していないと見落とす可能性が高い。この放任状態が、休学届を出して休学する学生より、この実質上の休学者の方の退学者が多い原因と考えられる。

多くの大学では近年、各授業への出欠を自動的に取得するシステムが導入されている。前職の大学では、各学生毎に履修科目が一週間の一覧表となり、その科目毎の出欠が即時に表示されるシステムが稼働している。そして、教員と当該学生はいつでもそれを閲覧することができる。この閲覧システムで、適宜学生の出欠状況を把握し、全科目欠席が例えば一週間連続した時には、当該学生と早急に面談して修学、生活指導をする必要がある。広義休学者の30％はその学期の終わりに退学届を出す可能性があるからである。実質上の休学者には、原則、いつでも大学側から直接呼びかけることができ、また面談できることをもっと活かす必要がある。

この30％を対象にした面談でのポイントは休学時期によって2つに分類される。

一つは、3年前期までに実質上の休学をする学生、〝パターンD〟である。その70％超は極めて単位数が少ない。卒業の意志の確認とそれに伴う修学計画が面談のポイントとなる。残りは高単位者で、何か問題を抱えていると思われる。多くは「進路変更」を退学理由に挙げている。ただ、もし他の道に進むというのであれば、決意後できるだけ早い時期に退学するのが適当と思われる。単位取得をしない期間が1年、2年と退学するまで数年を要している場合には、背後には別の理由が存在する可能性も想像される。高単位者が突然単位取得を放棄した場合は、〝退学〟のシグナルであり、早急に面談するなどの対応が必要である。抱えている問題を面談で取り除くことができれば休学から呼び戻すことができる。

もう一つは3年後期以降に休学する学生、〝パターンE〟である。低単位の学生と高単位の学生がほぼ半数づつである。低単位の学生には、1年遅れても卒業研究(*)に着手できるための単位取得計画を立てることが一番である。高単位の学生は、就職活動における圧迫面接でのダメージや研究室での生活、人間関係など、精神的な理由であることがある。学生はそのことを口にするのを極度に嫌うため、大学側として真の理由を把握することができず、理由不明のまま退学することがこれまでにもしばしばあった。メンタルケアや研究室の配属替えなどの対応が必要である。

＊前職の大学では、４年生になると全員研究室に配属され必修科目である卒業研究を行う。この卒業研究を行うためには、卒業研究着手条件があり、指定された科目、単位数を取得しておかなければならない。

「広義の休学」は退学の一番のシグナルであり、休学状態に入った学生にはいち早く面談をし、適切で継続的な指導をすることが中退予防には極めて重要である。（図Ⅱ－28、図Ⅱ－29）

(4)　休学者は5年で卒業させよう

休学届を出した学生は４年で卒業することはできない。２年、３年と休学した場合は6年以上大学に在籍することになるが、70％～80％は5年で卒業している。

一方、〝休学届を出さない〟実質上の休学者は、４年で卒業する者が50％～60％、5年で卒業する者が20％～30％である。

“広義の休学者”への対応が中退予防の鍵（その１）

【休学届有りの休学者】

－休学届有りの休学者は保護者も“休学”を了解済み。
－休学中の生活は原則、保護者の監察下にある。
－休学が特に健康上の理由によるのであれば医師の指導も。
　できるだけフォローを。
－大学側として考慮すべきことは、休学期間を終えて復学する時に、勉学や大学生活に無理なく入っていけるよう、復学説明会を開催するなどのケア。

（図Ⅱ－28）

広義の休学者で、卒業するのが6年以降8年まで要する学生は毎年数%である。

これらのデータから休学者への指導は、5年で卒業する（余計に1年をかけて修学を全うする）ように指導することが適当と思われる。長期になると修学意欲が低下し、また経済的な負担も大きくなって、退学する確率が高くなるからである。（図Ⅱ-30）

広義の休学者が最初に実質上の休学をした後、何期で退学に至ったかのデータがある。休学したその期の終わりに退学届を提出する者が30%、残り70%は実質上の休学を始めてから1年以降に退学する。(＊)5年間で卒業することを目指すのであれば、復学後の修学指導、生活指導を早いタイミングで行う必要がある。(＊＊)

“広義の休学者”への対応が中退予防の鍵（その2）

【休学届無しの休学者】

－休学届無しの休学者は保護者が“休学”を認知していない場合が多く、大学側も見落とす可能性が大きい。この放任状態が休学届有りの休学者よりも退学者が多い原因。

－出席確認システムにより一定期間（例えば１週間）全科目欠席したことを検知したらすぐに面談するなどの、早期発見早期支援などの対応が有効。

－面談は状況に合わせて。

パターンＤ１：３年前期までに実質上の休学がある低単位者
パターンＤ２：３年前期までに実質上の休学がある高単位者
パターンＥ１：３年後期以降に実質上の休学がある低単位者
パターンＥ２：３年後期以降に実質上の休学がある高単位者

（図Ⅱ－29）

＊本学は2期制をとっており、休学は1期（半年）単位で認められる。

＊＊広義の休学をしたその期末に退学（0期）する者は30％、その1期後に退学する者は20％、2期後20％、3期後12％、4期後10％と続く。

休学状態にあることは、退学の一番のシグナルであるが、一方で、休学状態に入った学生がすべて退学するわけではない。休学届を出した休学生の5割強は復学し卒業していく。休学届は出さずに休学状態に入る実質上の休学生の方は3割強である。

大まかな言い方をすれば、同じように休学状態に入りながら、退学する者は在籍期間に応じて設定される累積取得単位目標数（各学期20単

休学者は５年で卒業させよう

⑴ 広義休学者の退学パターン

－休学したその期の終わりに退学する者30%、実質上の休学を始めてから１年以降に退学する者70%。

－退学する者は在籍期間に応じて設定される累積取得単位目標数を大きく下回る場合に、また、卒業する者はその累積取得単位目標数を上回る場合に多い。

－取得単位数が比較的多い退学者に適切な指導を行えば退学を回避できる可能性が高い。

⑵ 卒業までに６年以降８年まで要する学生は数%

－休学しても卒業する学生の大半は５年で卒業。

－５年で卒業（余計に１年をかけて修学を全うする）するように指導することが適当。

－長期になると修学意欲が低下し、また経済的な負担も大きくなって、退学する確率が高くなる。

（図Ⅱ－30）

位）を大きく下回る場合に、また、卒業する者はその累積取得単位目標数を上回る場合に多い。

6　おわりに

分かっていたことではあるが、実際に取り組みを始めると中退予防はそう簡単ではない。多岐にわたる大量のデータは確かにある。そのデータには中退の実態が潜像となって存在しているはずである。しかし、中退は極めて個人的な事情によるものであり、その手がかりを掴むことはなかなか難しい。はっきりとした手がかりの無いままに網を掛けるには、たくさんの無駄を覚悟して取り組まなければならない。それでも試行錯誤しながらデータを分析すると、いくつかの特徴は少しづつ見えてくる。休学しても5年で卒業を目指そう、といった大学側からの提示目標もできた。これからも心ある教職員たちと議論しながら仮説を立て、データで裏付けを取りながら少しでも潜像をあぶりだして有効な施策を打ち出すことが中退予防には必要である。

この取り組みによって救うことのできる学生が確実に存在することを実感している。非効率であることは覚悟の上で、一人でも中退の崖から落ちるのを防ぐことを続ければ、必ず中退数を削減することができる。

第Ⅲ部　大学の課題　実践！実践！実践！

第1章　教育・経営の起点　実践！入試戦略

1　はじめに

入試戦略は経営の観点から、そして教育の質向上に向けても絶対に欠かせない大学として取り組むべき重要課題の一つである。

大学収入の大半は学生たちの納める学費であり、定員割れを起こせば大学経営を揺るがすこととなる。現状、私学の半数近くはこの定員割れである。入学応募者が募集定員を満たさなければ、いわゆる〝F〟となり、学生の質の低下に直結する。また、入学検定料はそれなりの収入となり、受験応募者を多く集める大学では入試関連の諸施策をより充実させることができる。

大学は〝教育大学〟と〝研究大学〟に大別される。偏差値が55以下の大学は〝教育大学〟と言っていいであろう。〝研究大学〟では、大学院への進学率が80％を超えているが、教育大学では高々40％である。

入試受験応募者をたくさん集め、その中から学力のある学生を採用することが大学としての望みである。一般に研究大学には多くの応募者があり、入試に関する深刻さは教育大学ほどではない。

　アドミションポリシーを前面に打ち出し、偏差値だけではない大学選びを、という動きがある。しかし、自分の学びたい学問分野がハッキリしていて、その分野を持つ大学を選択するという場合、アドミッションポリシーの違いでその選択が大きく変わるとは思えない。少しでも偏差値の高い大学へ進学したいというのが、受験生にとっての変わらぬ本音であろう。自分の大学に本当に来たい人だけ、自分の大学が第一志望だけの人に来て欲しい、という大学もある。その大学だけでしか学べないこと、その大学だけでしか成し得ないこと、というのは自律的、自主的に学ぶ学生であれば現実にはほとんどないはずである。意図は十分に理解できるが、多くの大学ではそのような贅沢を言ってはいられない。やるべきことは地道な努力を積み重ね、創立者の建学の理念を核にしてブランド力を少しでも向上させて一人でも多くの受験生に支持してもらう土台を作ることである。

　本稿は、教育大学に位置づけられる私学の、大学の内側から見た入試に関わる課題について、筆者の経験を踏まえて議論する。

2　入試に関わるさまざまな指標（図Ⅲ－1）

(1)　応募者数

多くの受験者を集め、その中から少しでも良い学生を入学させたい、とどの大学もが考える。しかし現実にはそう簡単に多くの受験者を集められるわけではない。ここで重要なのは、まずどれくらいを最低限の目標値とするかを定めることである。この目標値が入試に関わる諸施策を決定するからである。

一般に、その大学の教育水準を維持するのに必要な学力の学生を採るためには、実質倍率で2倍、入試合格者の最低点（足切り点）が総得点の50％以上であることと言われている。(*) それを基準にすれば、おおよその目標値を試算する

入試に関わるさまざまな指標

(1) **応募者数**
- 教育水準の確保には、実質倍率で2倍、足切り点は総得点の50%を維持。
- 築城3年落城3日。減少の兆候が出た時の対処策を日ごろから議論。

(2) **偏差値**
- 偏差値は受験生の大学選びにおける第一の指標。
- 偏差値戦略を立てる大学も。

(3) **入試形態と配分**
- 過去の入学者の修学データを分析して配分を決める。

(4) **全国区・地方区**
- きちんとした戦略を全学で。
- 海外にまでの展開では、それなりの覚悟と責任が必要。

（図Ⅲ－1）

ことができる。今、時流に乗って多くの受験生を集めている大学も、小さな躓きで支持を失うことがある。築城3年落城3日である。大事なことは、支持を失いかけた時、いかに迅速に的確な対処策を講じることができるかであり、そのためには支持を回復するための手段を日ごろから考えておくことである。もし現状の応募者が目標値より少ない大学では、その目標値の実現に向けたステップと、各ステップごとの施策を立てて実行することが求められる。

＊筆者の経験では、入学年度によって学力に大きな差があり、実質倍率2倍、総得点の50％というのが大学の教育水準を確保する基準として普遍的な数値であるとは言えない。しかし常にあてはまる高すぎる基準を設けることは現実的ではないこともあり、ある水準を維持する指標としてはそこそこ有用と考えている。

(2) 偏差値

入試応募者が定員数を超えている大学では偏差値を上げることが重要となる。受験生の大学選びの指標は第一に偏差値だからである。それは複数の大学に合格した学生の多くは偏差値の高い大学に入学していることからも自明である。

私学では多様な入試形態で入学者を集めている。大きくは、推薦入試、AO入試、センター入試、一般入試に分類される。一般入試以外の選抜方法で多くの入学者を採れば、必然的に一般入試による採用数が減り、結果的に一般入試の偏差値が上がることとなる。(*) だから偏差値はある程度操作が可能である。しかし、一般入試で入学してくる学生の方が、推薦で入学してくる学生より学力が上であることが多く、一般入試による学生を多く採りたいという事情もある。どのようにそのバランスを取るかは重要な判断である。

受験情報として大学、各学部、各学科それぞれの偏差値が公表されている。その中で大学の偏差値は、多くの大学が共通して持つ学科、例えば理工系大学であれば機械工学科の偏差値が代表して用いられる場合があり、そのことを念頭にした偏差値戦略を立てている大学もある。教育大学では、できれば偏差値50、最低でも45以上が目標となる。

＊各入試形態ごとに採用人数が公表されているが、どの大学でも一般入試では採用予定者数の数倍を合格としている。そして、外部に公表されることはないが、実際の採用予定者は、状況に応じてその都度決めている。

(3) 入試形態と配分

私学は多様な入試形態で人を集める。多くの大学では、質よりまずは人集め、というのが本音である。一般入試で多くの人を集めることのできる大学は幸せである。入学者の数と質の確保を同時に手に入れることができるからである。

一般入試でなかなか人が集まらない大学では推薦入試、ＡＯ入試で人を集める。試験を避けたい学生には、求められる学力の壁が低いことと早い合否の決定が何よりの魅力となる。

大学によっては、推薦入学の中にもさまざまな形態がある。ここで重要なことは、それぞれの入試形態から何人を採用するかの配分である。入学後の学生の修学データを分析して、(＊)成績の優秀な／質の高い学生がどの入試形態に多く属しているかを考慮しながら、人数の配分を決めることとなる。

＊入学年度によるバラツキが大きい。高校の調査書を精査するなど、一歩踏み込んだ分析が今後の課題である。

(4) 全国区・地方区

多くの私学、とりわけ規模の小さな大学は近隣からの学生が大半を占める。学生数1万人弱の中規模大学になると、多くはないが全国から学生が集まる。入試も当然地方で開催している。

その大学が対象とするのが全国区か地方区かは、大学の経営上の判断で決めるべき重要事項であるが、基本方針の見直しもなく意外と成り行きでそうなっている場合が多い。入学応募者が多くなると、検定料がそれに伴って増収となることもあり、余り議論の無いままに外向きの施策が通り、応募者が少なくなると余り議論の無いままに縮小される。

近年ではグローバル化の掛け声の下、その外向きが海外にまで伸びている。大学の経営の視点、大学の発展性、建学の理念などを踏まえた議論に基づいて展開することが必要である。本来的に大きなリソースを有していない大学が、リソースを掛けて展開する場合は、それなりの覚悟と責任を持ち、苦しくなった時にでもそれを耐えてさらに発展する力を全学で発揮しなければならないことがあるからである。

3 宣伝・広告（図Ⅲ－2）

言うまでもなく、入試広告では募集定員を充足さ

宣伝・広告

(1) 自校の社会的認知の向上

－卒業生の自校への振り返りのきっかけ。
－受験生の親へのアピール。

(2) 受験生の大学への扉

－大学パンフレット。
・パンフレットの表紙は自校の顔。受験生目線で訴求。
・学問分野、学生生活、就職・先輩の活躍。
－近年特に重要なネット広告。
・受験資料の申し込み、受験申し込み。
・写真、動画などを駆使。
・バーチャルな伝達とオープンキャンパスなどのリアルな伝達との結合。

（図Ⅲ－2）

せ、自校の教育にマッチした学生を集めることに主眼が置かれる。その募集のための第一の手段が広告や大学のパンフレットである。

大学が打つ広告は、社会で自校を認知してもらう、卒業生に今も大学が元気に発展していることを周知させるなどの一般向け広告と、受験生に向けた広告に大別することができる。

進学校選びでは、受験生本人のみならずその親を説得することが極めて大切である。社会で認知してもらうのは、受験生の親に自校の特長や活動の現状、将来に向けてのビジョンを示し、この大学で子供を学ばせたいと思ってもらうことである。一般紙ではない経済新聞などでも一面広告を出す理由である。

受験生向けの一番は大学パンフレットである。毎年、各大学のパンフレットの表紙が一覧となって新聞などに掲載される。その年の大学の顔である。自分の興味のある学問分野にどのような研究室があるか、在学生はどのような学生生活をおくっているか、どのような企業に就職しているかなどがすぐに検索できるよう工夫を凝らした作りとなっている。

近年特に重要になってきたのはネット広告である。受験資料の請求や受験申し込みはネットで行う。大学のパンフレットもデジタル化に移行しつつある。写真ではなく動画を駆使し、教育成果や教育方法をより具体的により魅力的に受験生に届くよう工夫している。ただし、それはあくまでバーチャルな世界での伝達であって、それをリアルと結びつけるイベント、例えばオープンキャンパスなどが今後より重要性を増すと考えられる。

4　オープンキャンパス（図Ⅲ-3）

オープンキャンパスは入試に直結している。入学した学生の多くはオープンキャンパスの参加者である。だから、オープンキャンパスにいかに多くの高校生を集められるか、参加した高校生に自校の魅力をどれだけ伝えられるか、どれだけ満足してもらえるかは極めて重要となる。

この大学のオープンキャンパスは面白そうだ、何か発見できそうだと事前にワクワク感を芽生えさせ、実際に参加してみると想像以上の充実感に満足し、終わった後はあの大学で学びたい、自分も

入試に直結するオープンキャンパス

－入学した学生の多くはオープンキャンパスの参加者－

⑴ 理想的なオープンキャンパスとは

－参加前：面白そうだ、何か新しい発見できそうだと事前にワクワク感を芽生えさせること。
－参加中：想像以上の充実感を与えて十分に満足させること。
－参加後：この大学で学びたい、自分も案内してくれたあの先輩のようになりたいと思わせること。

⑵ 適切な経費と運営

－経費は多様な観点から議論すべき経営判断事項。
－オープンキャンパスの趣旨を理解していない教員には十分なレクチャーが必要。
－いかに魅力的なアルバイト学生を集めるかは大きなポイント。

⑶ 評価

－外部の評価システムを導入し、年々向上させる仕組みを組み込むこと。
－参加者と入試応募者・入学者の分析などに基づく妥当な参加者数の設定。

（図Ⅲ－3）

案内してくれたあの先輩のようになりたい、と思わせたら大成功である。

各大学はこのオープンキャンパスに少なからぬリソースを充てて受験生の獲得に知恵を絞っている。例えば、1万人の参加者に4千万円の費用を掛ければ、一人当たりの経費は4千円である。この額が妥当であるか否かは多様な観点から議論すべきである。どこまで経費をかけるかは大学としての重要な経営判断である。

オープンキャンパスでは在学生が学内を案内するなど、多くの学生をアルバイトとして雇用する。経費の大半はこのアルバイト代である。受験生が憧れるような学生をアルバイトに使うためには、アルバイトをさせたい学生を日ごろからリストアップしておくことが必要である。

オープンキャンパスのメインは、教員が主に担当する教育内容とその成果、教育方法などの説明、主に職員が担当する入学試験や学生生活、就職状況などの説明である。誤解を恐れずに敢えて言えば、一番の問題はオープンキャンパスのメインイベントである教員が担当する教育に関する種々のプレゼンテーションである。オープンキャンパスは受験生に向けて自校がいかに魅力ある大学であるのかを印象付ける場であるのだが、それを理解できていない教員、うまくプレゼンテーションができない教員が中には存在する。研究とはまた別の努力や能力が求められる。大学の悪しき平等システムで、教員全員が公平に業務を担う時に、時々生ずる大学としての悲劇である。教員同士でそれを評価することは難しい。そこで、外部の評価者を導入することを勧めたい(*)。うまくできているところは強化し、弱いところは外部の指摘をテコに年々改善することが必要である。やり放し、任せっ放しでは無く年々向上させる仕組みを組み込むことが大切である。

＊筆者が入試センター長を務めていた時、外部評価を導入し評価結果をレポートとして提出すること求めた。そのレポートでは、各説明ブースやイベント全てについて評価してもらったが、必ず初めに良い点を挙げた上で、改善点を厳しく書くことを求めた。教員の中には厳しい評価に異常反応を示すことがあり、まず良い点を評価することが必要と考えたからである。

その他にオープンキャンパスで考慮すべき重要な事項は参加者の目標数を決めることである。単に多ければ良いというわけではない。想定した人数以上に参加者があった場合や、初めから十分なアルバイト学生を集められないのに多くの参加者があれば、必要な〝おもてなし〟ができず、結果として負の印象を与えることとなり逆効果となってしまうからである。受験応募者数の何割がオープンキャンパスの参加者か、入学者の何割がオープンキャンパスの参加者かを冷厳に分析し、目標とするオープンキャンパスへの参加者を算定し、十分な〝おもてなし〟をする準備が必要である。そして、オープンキャンパスによって自大学に振り向かせる確率を高めることが重要である。

5　高校訪問・模擬授業（図Ⅲ－4）

教育大学にとっては、募集定員の充足と自校の教育にマッチした学生を集めるために高校訪問は欠かせない。入試を担当する部署では、年間を通して職員が中心となって入試パンフレットを届けるなど各校とのコミュニケーションを図り、推薦入学者や一般入試受験者などを集める努力をしている。新たな高校を開拓するのであれば、事前に当該校の受験事情をどれだけ事前にキャッチして臨むかが重要である。高校、特に担当する教員によって大きな温度差があり、おざなりの対応をするところもあるからである。

一方、高校では大学進学説明会の一環として、大学の教員を招き、例えば「情報工学科」ではどのようなことを学び、そこで学んだ先輩たちはどのような分野で活躍しているか、などを内容とする模擬授業を開催している。このようなイベントは文系、理工系、医学系など広く全般にわたる科目を網羅し、その日のうちに2～3科目が聞けるよう

高校訪問・模擬授業

募集定員の充足と自校の教育にマッチした学生を集めるために高校訪問は不可欠

(1) 入試を担当する部署の高校回り

－受験実績が高い高校、入学実績の高い高校、近隣の高校は大学にとって特に大切なお客様。

－事前に高校の受験事情をキャッチしておくこと。

(2) 大学教員による模擬授業

－開催側の期待と大学側の期待を理解して授業すること。

－教員を派遣する大学側にも戦略が必要。

－出身高校のＯＢを同伴することも有効。

（図Ⅲ－4）

に半日を使って開催することが多い。このタイプのイベントは受験関連業者が全体を企画し、当該高校がそれに乗って共催する。また、複数日にわたっていろいろな科目の説明会を開催する場合は、高校の独自の企画である場合が多い。

いづれも、大学側の窓口は原則、入試担当部署でそこから依頼を受けた科目について、当該学部・学科に派遣する教員の推薦を依頼している。

派遣された教員には、その学科、例えば「情報工学科」であれば、情報工学とは何か、どのようなことを学ぶのか、学んだ学生は社会でどのような分野で活躍しているのか、など自大学の特異性が前面に出るのではなく、他の大学においても同様に、「情報工学科」に進学すると学ぶであろうことの説明が期待されている。そのことを念頭に置きながら、一方、派遣する大学側が期待することは、その授業を聞いた学生には自校を受験して欲しいし、入学して欲しい。この二つの側面を合わせた講義をすることが指名された教員には求められていると考える。大学の実情を言えばそのことを理解していない教員もいて、大学文化の悪しき平等の下、せっかくの自校宣伝の好機が時には逆宣伝になることもある。

受験実績が高い高校、入学実績の高い高校、近隣の高校は大学にとって特に大切なお客様である（＊）。先生は説明することが商売だから話がうまい。それが時にはリアリティに欠ける結果をもたらすこともある。だから、出身校の先輩学生を同行させ、短時間でも自分の研究などを話してもらうことは効果的である。質問タイムではこの学生に集中する場合もある。学生が話すサークル活動が売りになることもある。

＊模擬授業で食いついてきた学生には大学に来てもらい、実験設備を見ながら研究などについて説明をした。このことが進学指導の先生に伝わり、後日、その教員が数人の学生を引率して来校したこともあった。

模擬授業では、多くの場合進学指導、あるいは担任の先生が陪席している。学校によっては父母が参観していることもある。筆者の場合、模擬授業では受講している学生よりも、この陪席している方を強く意識して話をした。進学大学を勧める際のキーパーソンだからである。

推薦入学者を対象にした入学前教育（その１）

(1) 入学前教育は必要か

－全入学者のほぼ半数を占める推薦入学者の質を高めることができれば、教育の質向上など大学が大きく変わる可能性がある。
　・大学での授業についていける学力基盤。
　・学びの習慣を身につけること。

(2) 入学前教育の費用は誰が負担するか

－入試前教育のプログラムは多くの大学で外部業者に委託。
－費用の負担は大学と入学者の力関係が反映される。

(3) 入学前教育の問題はどのようにして決めているか

－理想的には、大学の3ポリシーを踏まえて、大学教育を受けるために要求する高校基礎力のレベルを明示し、そのレベルを獲得するために必要な入学前教育のプログラムを準備し、確実に実行すること。しかし、現実はその理想と大きくかい離している。
－問題／課題の設定には受講者の意欲を掻き立てるストーリが必要。

（図Ⅲ－５）

6　推薦入学者を対象にした入学前教育

（図Ⅲ-5、図Ⅲ-6）

多くの私学では推薦入学者が全入学者の半数近くを占める。この推薦入学は基本的に年内に合否が判定されるので、4月の入学まで、半年近くも余り勉強を強いられない期間が続く。また、推薦入学者は一般入試による入学者と比較すると、受験勉強を余りしていないために学力の劣る者が多い。そこで、推薦入学者を対象にして、各大学は入学前教育に力を入れている。だが、その成果が十分に上がっているとは言い難い。そこには様々な課題が横たわっている。

(1)　入学前教育は必要か

教育大学では多くの大学で入学前教育が行われている。入学者の半数近くを占める推薦入学者の学力を高めること

推薦入学者を対象にした入学前教育（その2）

(4) 入試前教育の効果は正しく検証されているか

－推薦入学者の学力を高めることができたかを正しく検証するためには、確認テストの厳正な運用が必要となる。
－ネット上で行う教育プログラムでは、学びの状況を把握できるとしているが、その実態も正しく把握することが必要。

(5) 入学前教育の結果と活用

－入学前教育の受講状況などの情報を分析。
・上記(4)にあるように、その情報が適切であることが前提。
－情報分析に基づく入学後の修学指導法の事前準備。

（図Ⅲ－6）

ができれば、いろいろな点で大学が大きく変わる可能性のあることを知っているからである。入学前教育に対する大学側の期待は、大学での授業についていける学力基盤をしっかりと準備すること、そして、学びの習慣を身につけることである。さらに欲を言えば、推薦入学者に与えられた多くの良質な自由時間を使って自分のやりたいことを考え、学びながら夢を育み、その実現に向かって学ぶ意義やさらには学ぶことの面白さを発見してくれることである。

少なくとも教育大学にとって入学前の貴重な数か月を有効に活用しない手はない。一昔前には、大学で学ぶにあたっての抱負や、課題図書についての感想などの作文提出が入学前教育であった。しかし、少子化が進み入学応募者が減少すると、入学した学生が勉学を全うして卒業に至るまでをしっかり支援することが極めて重要となった。中途で退学する学生の多くは授業についていけず単位を取得できないからである。それには入学前から大学で必要となる基礎学力をつけること、そして学びの習慣付けが重要なのである。

⑵　入学前教育の費用は誰が負担するか

入学前教育を自前で実施する大学もあるが、多くは外部の業者に委託している。豊富な教育プログラムが用意されており、また受講生の実施状況をモニターし必要に応じて受講生に声を掛けたり、試験の採点、分析など様々な周辺の支援環境が充実しているからである。長年のノウハウの蓄積もまた売りである。

もちろんタダではない。利用するプログラムや利用者数にもよるが、一人数千円の費用がかかる。この費用の負担には大学と入学者の力関係が反映される。学生に〝来ていただいた〟大学は、大学持ちであることが多い。大学に〝入れていただいた〟学生の場合は学生持ちであることが多い。後者の場合、大学も少し気が引けるので入学前教育プログラムを取るか否かを学生側の判断に委ねているところもある。実際には、その場合でもほとんどの学生がこのプログラムを受講する。プログラムを受講しなかった場合、入学後に不利益を被る可能性があるかもしれない、という心理が働くからであろう。

こんなに時間とお金をかけるのであれば、もっと受講生にとっても、大学にとっても有用な入学前教育であって欲しい、というのが正直な感想である。

(3) 入学前教育の問題はどのようにして決めているか

入学前教育の一番の問題は、何をどこまでやらなければならないかを大学側が明示できていないことである。

理想的には、アドミッションポリシー、カリキュラムポリシー、ディプロマポリシーに則り、大学教育を受講するにあたり必要とされる高校基礎力とはどのレベルであるのかを明示し、そのレベルを獲得するために必要な入学前教育のプログラムを準備し、確実に実行することであろう。

しかし、現実はその理想と大きくかい離している。立派な3つのポリシーにきちんとリンクさせるまでもなく、どの分野においても必ず教えなければならない事項がある(*)。その事項を教えるために必要な高校基礎力について、大学内でほとんど議論されていない。その一方で、大学教員は学生の基礎学力の欠如をただ嘆いている。まずは大学教育として必ず教えなければならない項目を挙げ、その上で優先順位をつけ、入学前教育として何をどこまでやるかのコンセンサスを作ることが必要である。

*例えば、工学分野では多くの学科で信号処理について教える。その基礎となるのは「フーリエ変換」である。これを理解するには、三角関数が必須である。このフーリエ変換は、例えばデジタルカメラのブレ補正、音声認識など社会で目にする様々な技術で使われていることを具体的に示すことも重要である。

文系、理工系を問わずどの大学、学部にも共通する科目が英語である。就職においては英語ができることが今や必須条件であり、大学教育でも力を入れている。学力が劣る学生の特徴の一つは、英語が苦手である場合が多いことである。英語が母国語ではない日本人にとって、自らが意識的に英語に接したり日々コツコツと勉強をしないと語学は身につかない。学力が劣る学生は、このコツコツの習慣がない学生が多いからであると思われる。研究に不可欠な文献を読むには、それなりの文法力が求められる。海外留学や就職ではＴＯＥＩＣスコアである。

入学直後に行うプレイスメント・テストの結果から、推薦入学者のＴＯＥＩＣスコアの平均点を告げ、ＴＯＥＩＣスコアを引き上げるのに有効な英語プログラムについてある業者に問い合わせた。その回答は「現状のスコアは、ＴＯＥＩＣスコアを向上させる以前のレベルであり、まずはもっと初歩的な英語一般のプログラムが適当である」であった。それは妥当な回答であったであろう。しかし、この「初歩的な英語一般のプログラム」で、英語が苦手な受講者がしっかりと勉強するとはとても思えないのである。そこには英語に力を入れて取り組む意義やリアリティのあるインセンティブが見えないからである。就職にはＴＯＥＩＣなのだから、例えば、ＴＯＥＩＣと関連付けたストーリーのあるプログラム開発などを要望したい。

(4) 入試前教育の効果は正しく検証されているか

上記(3)とも関連するが、入学前教育で獲得すべきレベルについて明示するとともに、そのレベルがどこまで獲得できたかを検証するシステムが組み込まれていなければならない。ある課題が解けた、分かった、とは同種の問題10問について8問以上が正解した時であろう。

ネット上での確認テスト、推薦校に依頼しての確認テストではなく、厳正な確認テストが必要である。まずは、付属校、あるいは近隣にある推薦校で実施するのが現実的であろう。全てとは言わないが、入学前教育の実態は、受講者が皆で相談したり、場合によっては当該校の教員まで巻き込んで課題を解いていることは周知の通りである。ネットを使った入学前教育システムではアクセスログで受講状況を把握できることを売りにしているが、それならばアクセス時間がほぼ同じである場合には、回答内容などを比較精査することが必要であろう。

(5) 入学前教育の結果と活用

入学前教育の主な目的は、大学での修学に必要な基礎学力の涵養と学習の習慣付けである。加えて、入学前教育の受講状況などの情報を分析して、入学後の修学指導法を事前に準備することである。(＊) 特に中途退学する可能性のある学生を事前に見出すことができれば、入学当初から修学支援を行うことできる。入学前教育の重要な活かし方の一つとなる。

＊これまでの推薦入学者に関する高校での勉学状況や入学前教育の受講状況と入学後の修学状況を突き合せた分析に基づき、様々なモデルを作り、入学後の修学指導法に活かしている大学がある。

入学前教育の受講状況に基づく分析では、受講状況が正確に把握されていることを前提としている。上記(4)に述べたように、受講生一人一人が独立して受講していることを常にチェックすることで精度の高いモデルが作られる。

全ての推薦入学者の学力が劣っているわけではない。どのような入試形態で入学しても、その学力のレベルは全領域に分布している。違いは濃淡だけである。

ただ、多くの大学では推薦入学者に中退者が多い。中退予防の要諦は、早期発見・早期支援である。しかし、一番難しいのはこの早期発見である。その兆しをどのように発見するかの有効な手段がない。それは兆しを見出す情報が得られていないからである。その点、推薦入学者は入学前教育を受けており、そこから得られる情報で兆しを見出せる可能性がある。これは、一般入試で入学した学生にはない情報であり、中退者数を削減する大きな武器となる可能性がある。中退予防は、当該の学生のみならずその保護者、そして大学にとっても皆がハッピーとなる極めて重要な施策である。

7　付属校との関係（図Ⅲ-7）

付属校を持つ大学がある。付属校から入学者を受け入れることで大学の学生定員のある割合を毎年確実に満たす。偏差値が極めて高い大学、人気のある大学ではこの大学に入学するために中高に入学する学生もいる。このような大学では、高校からの内部進学で優秀な学生を多数採ることができる。

　偏差値が55程度以下の教育大学の場合、付属校と大学の関係は微妙である。トップクラスの学生が他大学に進学することが多々あるからである。そして内部推薦で進学する学生の中には学力の劣る学生も含まれることがある。多年にわたる内部進学者の高校での成績と入学後の修学データと突き合せれば、内部進学で入学する学生のレベルが推定される。

　付属校から優秀な学生を呼び込む施策として、付属校の学生に向けた奨学金の充実は有効である。大学入学前に、大学の授業を受けて単位を取得すれば、入学後は大学の単位として認定する制度も広く実施されている。高校2年からの飛び入学制度を設けている大学もある。

　しかし、どの施策も優秀な学生たちの琴線に触れているとは言い難い。根本的には大学のブランド力を上げることが一番であるが、一朝一夕で実現する

付属校との関係

⑴ 付属校を持つ大学では、付属校から入学者で学生定員のある割合を毎年確実に満たすことができる

⑵ 偏差値が 55 程度以下の教育大学の場合、付属校と大学の関係は微妙

－トップクラスの学生は他大学に進学。

　／トップクラスの学生を引き込む仕組みが必要。

－内部推薦で進学する学生の中には学力の劣る学生も含まれる。

　／必要な学力レベルを早期に示し的を絞った教育と学習習慣付け。

⑶ 入試では測れない能力を汲み取り、他校には成し得ない学生を育てることが本来の付属校の活かし方

（図Ⅲ－7）

ことは不可能である。実現可能な施策として、筆者は付属の学生だから成し得たスターを作ることだと考える。学力だけが総てではない。やる気とセンスのある学生を1、2年生から発掘し、彼らに大学教員の指導の下、大学で自由に学ぶ機会を提供することである。その中からスターが生まれてくるのではないかと期待している。一人のスターが生まれれば、それを追いかける後輩が出てくるであろう。

高大接続の掛け声の下、種々の施策が奨励されているが、付属校を有する大学こそそれを活かして、入試では測れない能力を汲み取り、そして他校には成し得ない学生を育てることが本来の付属校と大学の関係だと認識している。

8 中退予防

勉学を全うすることなく、途中で大学を退学することは、学生本人にとっても、また大学にとっても不幸なことである。学生と大学のミスマッチの起点となるのは入学試験である。目標とする大学に行けなかったため、在籍したまま事実上は浪人である〝隠れ浪人〟は半期または1年で退学する。一般入試またはセンター入試による入学者である。これらの試験は学力試験であり、隠れ浪人の入学を防ぐことはできない。

自学の求める学力の学生を採るための試験問題を作ることはある程度可能である。ただ、教育大学ではまずそれはしない。募集定員を確保しながらそれなりの学力の学生を採ることが基本方針だからである。前述のように実質倍率2倍、足切り点は総得点の50％以上を目指し、どの科目を指定するかの選択はあっても、学部や学科で独自の試験問題を作ることは一般にはない。

入学試験の得点と（多くの大学で実施している入学直後に行われる）プレイスメントテストの得点は中退する学生のその後の修学状況と関連はすると思われるが、筆者の分析からは有意な関係を見いだせていない。入試の問題は極めて広範な領域の中からその一部が出題されるためであり、プレイスメントテストは入試を受けて入学した学生とそうでない学生で事前の準備状況が大きく異なるからである。このことは、入学当初の学力はもちろん重要ではあるが、それよりも入学後の勉強する習慣や姿勢、意欲というものが重要であることを示唆しているとも言える。

学業不振者には警告を出して面談し、さらに改善が見られない場合には退学勧告を出す制度を作ったことがある。「学業不振の一番の原因は勉強しないからである。勉強しないのは、能力がないからではなく、学ぶ意味を理解していない／できていないからである。したがって、一度退学して外から大学を見直し、大学で学ぶ意味を考えてまた大学に戻ってきて欲しい」というのがこの制度の趣旨であった。そこで、再入学する際のバリアを下げることとし、再入学検定料は3万5千円、再入学試験は主に再入学後の修学計画などに関する面接試験、そしてそれまでに取得した単位は総て引き継がれる、というものであった。この趣旨は今でも間違ってはいないと考えているが、実際に退学勧告を受けて退学した者が再入学するケースは予想よりも少なかったのである。「勉強しないのは勉強する意味を見いだせないから」というのは大人の論理であって、学生が勉強しないのは、「遊びやバイトが忙しい」とか、「何だか先生の言っていることが分からなくて勉強する気になれない」というような、もっと日々の生活習慣に根差した理由が大勢を占めているように思われる。

入学当初は学力が低くても、入学後に大学生に相応しい生活習慣ややる気を引き出すような支援・指導ができれば、卒業資格が得られる最低限の修学は可能であるというのが実感である。

9 おわりに

大学の内側から見た入試に関わる課題を様々な視点から論じた。すべては体験したことであり、その時々で考えていたことである。体験がベースであるから筆者の前提が時として特殊な場合もあると思われる。同時に、人から聞いた〝だろう話〟ではない。

入試について苦労されている方の何かの参考になることを期待している。

第2章　大学を好きにしよう　実践！自校教育

1　はじめに

大学教育が抱えている課題は多岐にわたるが、本質的と考える課題の一つは、ごく一部の大学を除いて「不本意入学者」が大半を占める現状を直視し、本音として「この大学に来てよかった」「この大学で学んでよかった」「この大学が好きだ」と学生たちに言わしめて卒業させる教育を行うこと、と考える。

「この大学に来てよかった」「この大学で学んでよかった」「この大学が好きだ」と学生たちに言わしめる場面は一つではない。高度な知識やスキルが身についた専門科目、充実した研究や学会発表、皆で〝青春〟した課外活動、先生の背中で学んだ生き方、一生の宝となる友人との出会い、など様々あろう。

この大学を好きにする試みの一つとして、自校（筆者の場合、前職の勤務先は芝浦工業大学）科目、「芝浦工業大学通論」を２００６年から開講してきた。この科目は、自校を色々な角度から本音で見直し、共に考え、自校に対する認識を新たにすることによって、学生自らが在籍する大学に根を下ろし、自分らしく学ぶための基盤を作るのが狙いである。（図Ⅲ－8）

私学の特異性は建学の理念に依拠する。創立者の建学の理念に端を発し、その後の紆余曲折を経て今ある姿となったのであるから、授業内容の柱の一つは「自校の歴史」となる。

大学によっては、すべてが歴史で構成された自校科目もあるが、受講する学生がこの大学に根を下ろし、どのようにして自分らしく学ぶかを考えてもらうためには、今の大学がどのような教学理念やビジョンを掲げて教育し、未来に向けて発展しようとしているのかについて話す必要があると考えた。さらに、自校の教育を信じて学ぶ原動力となるのは、

「自校科目」は大学を好きにする試みの一つ

(1) 大学には「不本意入学者」が一杯

(2)「この大学に来てよかった」「この大学で学んでよかった」「この大学が好きだ」と言わしめる様々な場面

－高度な知識やスキルが身についた専門科目。
－充実した研究や学会発表。
－皆で“青春”した課外活動。
－先生の背中で学んだ生き方。
－一生の宝となる友人との出会い　など。

(3)「自校科目」は大学を好きにする試みの一つ

－「自校科目」にはさまざまな形態がある。
－「自校科目」にはずせない“建学の理念”と“自校の歴史”。

（図Ⅲ－8）

自校の教育を受けて社会で活躍する先輩たちの姿を実見し、生の言葉を聞くことであろう。

2 カリキュラムの構成（図Ⅲ-9）

「芝浦工業大学通論」は、第一部：大学・大学院・各学部の教学理念とビジョン、第二部：歴史から見た芝浦と歴史から学ぶこと、第三部：外から見た芝浦そして芝浦で学んだこと、の3部構成とした。

第一部は、学長、大学院研究科長、各学部の学部長が講師となる。第二部はこの科目の担当教員が行う。第三部は主に30歳前後の比較的若い先輩たちを講師に依頼する。各々、5回、3回、5回で、第一部の5人ははずせない。第三部は受講者の所属学部や所属学科

「芝浦工業大学通論」のカリキュラムの構成

第一部：大学・大学院・各学部の教学理念とビジョン
－学長、大学院研究科長、３学部の学部長の５人／５回。

第二部：歴史から見た芝浦と歴史から学ぶこと
－この科目の担当教員で３回。
－毎回実施する歴史を中心とした芝浦工業大学に関する小テストで補足。

第三部：外から見た芝浦そして芝浦で学んだこと
－主に30歳前後の比較的若い先輩たち５人／５回。
－講師は受講者の所属学部や所属学科を考慮。

・講義は全 15 回で構成。
・1 回目は本講義の狙い、進め方　などのオリエンテーション。
・15 回目は授業の総括と、学生のミニッツペーパーに書かれている感想の紹介や質問に対する回答など。

（図Ⅲ－9）

を考慮して先輩講師を依頼するが、受講生たちからの強い要望があり5回以下にすることは難しい。

その結果、歴史は3回と少ないが、歴史全体の流れを押さえながら、創立者の思い、スポーツで大学が輝いていた時代、学園紛争を中心にした暗黒の時代、そして再興・発展、現代までをコンパクトに話す。ここでは、歴史としての事実と教員としての評価が含まれる。評価が批判的になることもある。学生たちと議論になるのはそのような場合であることが多い。歴史に割り当てられた回数が少ないことを補う意味もあって、歴史を中心とした芝浦工業大学に関する問題集(「芝浦検定問題集」(*))を用いた小テストを毎回行っている。

*およそ300題あり、学内のネットから自由にアクセスすることができる。この問題集の中から100問出題される「芝浦検定試験」は、春、秋に開催される学園祭で行われ、成績優秀者には学長から級の認定書と賞品が贈呈される。これまで(2015年秋現在)に19回検定試験が行われたが、いまだ満点を取った者はいない。

講義は全15回で構成され、1回目は本講義の狙い、進め方などのオリエンテーションである。この講義は他の一般の講義とは大きく異なるため、初めにそれを十分に説明しておくことが必要だからである。また、最後の15回目は科目担当教員が講義する。それまでの授業の総括と、学生のミニッツペーパー（ＭＰ）に書かれている感想の紹介や質問に答えなければならないからである。ここでは、きれい事だけでは実現し得なかったこの科目の裏話も重要で、舞台裏を聞くことによって受講者には開講の意図を別の側面から理解する一助となっていると思われる。また、大学をよりよくするために共に考えるベースが醸成される。

3　授業の流れ（図Ⅲ－10）

まず、毎回の授業の冒頭10分程度で、芝浦検定問題集から出題する10問の小テストを実施する。(＊) なお、この小テストを受験しないと、遅刻（0・5回の欠席）扱いとなる。

＊1問0・2点で2点満点。

初回の授業で芝浦検定問題集を配布する。その中に、

授業の流れ

10分	歴史を中心とした10問の小テスト	
50分程度	講義	MPの配布
30分程度	質疑 （質問者にはボーナス点）	MPに指定された事項を記入

（図Ⅲ－10）

毎回の試験範囲（おおよそ毎回20問）が明示されている。

その後、講義を50〜60分程度行う。講義終盤にミニッツペーパー（MP）の用紙を配布し、指定された事項を授業終了時までに書く(*)。

*MPには以下の2つのポイントについて書く。

1　講師が述べた講義の要点を2つ以上、キーワードだけでなく文章で明確に書くこと。

—講義の要点の項目数と書き方（0・5点）。

—講義の要点の正確性（0・5点）。

—文章の正確性（0・5点）。

2　講義の中で印象に残ったことを、その理由とともに、文章で明確に書くこと。

—印象に残ったことと書き方（0・5点）

—印象に残った理由の有無（0・5点）

—文章の正確性（0・5点）

計3点満点で採点する。ただし、初回のMPは成績に含まない。このMPは採点した後に返却するので、その後のMPを書く際の参考にする。

最後に、講義に関する質疑応答の時間を20～30分程度とる。質問した学生のMPにはハンコが押され、ボーナス点の対象になる。

授業終了後、MPを提出し退出する。MPを提出しないと、0・5回の欠席（授業最初の小テストも受験しなかった場合にはあわせて1回の欠席）扱いとなる。

4　課題レポート（図Ⅲ-11）

第一部、第二部、第三部のそれぞれの最終回に指定された課題に関するレポートを3回課す（1回につき10点満点）。レポートは、その形式や評価基準、細かな条件を付けている(*)。

*例えば、第2回目のレポート課題は、「"芝浦工業大学の歴史"で学んだことと関連させ、自らが「芝

課題レポートの例

【第2回目　レポート課題】

"芝浦工業大学の歴史"で学んだことと関連させ、自らが「芝浦工業大学で」学ぶ意味、その意味とレポート1（第一部、大学の教学理念とビジョンに関するレポート）であげたアクション・プランとの関係について述べよ。

【レポートの作成・提出で守る事項】

－指定された形式と文章量を守ること。
－ルーブリック評価表に自己採点を付けレポートと一緒に提出すること。
－引用する時は出典を明示すること。
－提出期限を守ること。

（図Ⅲ－11）

浦工業大学で」学ぶ意味、その意味とレポート1（第一部、大学の教学理念とビジョンに関するレポート）であげたアクション・プランとの関係について述べよ。」である。

すべての受講生にメールでレポートファイルを配信し、指定された形式と文章量を守ることを要求する。それを守らない場合にはそれぞれ1点減点する。

レポートは、ルーブリック評価表に自己採点を付けた上で一緒に提出する。評価項目は次の4つである。

―自らが「芝浦工業大学」で学ぶ意味が十分に述べられている（3点）。

―芝浦工業大学の歴史との関連性（3点）。

―本学で学ぶ意味とアクション・プランの関係（2点）。

―日本語の文章の完成度（2点）。

各項目ごとに、高評価、中評価、低評価があり、3点満点の項目ではそれぞれ3、2、0点、2点満点の項目では2、1、0点が与えられる。

例えば、〝「芝浦工業大学」で学ぶ意味〟の項目での評価は、

高評価（3点）：自らが「芝浦工業大学」で学ぶ意味が十分に述べられている。

中評価（2点）：自らが「芝浦工業大学」で学ぶ意味が述べられているが十分ではない。

低評価（0点）：自らが「芝浦工業大学」で学ぶ意味が述べられていない。

である。なお、この2回目のレポートは1回目の内容とも関連する（アクション・プラン）ので、1回目のレポートも一緒に提出させる。

指示に従ってレポートを作成しないと減点される。提出期限に遅れると、１日ごとに減点率が高くなる。出典を明示せず、ネットの資料などをそのままコピペしたことが分かれば（＊）、即、零点となる（＊＊）。

＊文体の違いや、こなれていない単語や表現法などからほとんどそれと分かる。

＊＊零点を付けた学生は、レポートの返却時に呼んでその旨を伝える。

本科目は２０１２年度まで、私と同じ学科のE先生と担当していた。正直に告白すれば、それまでは採点も甘く、陰では〝仏の徳永〟と学生から甘くみられていたらしい。２０１３年度からはファカルティ・ディベロッパー（ＦＤ）であるS先生と担当することとなった。そして、（もう遅いのだが）初めて、授業はどのように進めるのかを知った。70名程いる学生の毎回の小テストとＭＰの採点、３回のレポート採点はいずれもS先生が担当した。その負担は極めて大きいが教育効果も極めて高いことを実感した。

形式を厳密に守る、評価基準を念頭にレポートを書く、という訓練は大学教育として重要である。しかし、この訓練は教員には極めて大きな負担となる。本学のような理工系大学では演習・実験のレポートが数多くあるが、ＦＤの教員が指導する厳しい条件下で行うレポート作成の訓練は格別で、自校科目でありながら、書く技術を教える科目ともなっている。卒業研究の最後にまとめる論文を指導すると、学生たちには書く訓練が全く不足していることを痛感していたから、その意義を十分に理解することができた。

5　質疑応答（図Ⅲ－12）

50分～60分の講義の後、質疑応答の時間を20～30分程度とる。講演者からは初め、質疑応答でこんなに長時間も間が持てるのか、という質問がよくあった。しかし講義の後、こんなに質問があった授業は初めてだった、という感想に変わる。そして、質問を繰り返すうちに、初めは楽勝科目のつもりで受講していた学生が本気モードへと変身していく。

質問した学生のＭＰにはハンコが押され、ボーナス点の対象になる。質問をする学生は講義の聞き方が違う。授業への参加の深さが違

「芝浦工業大学通論」による教育効果

(1) ＭＰ、課題レポートで鍛える文章の書き方

－指定されたことを守って書くこと。

－評価基準を念頭に書くこと。

(2) 質疑応答で鍛える“質問力”

－質問をする学生は講義の聞き方が違い、授業への参加の深さが違う。

－質問する学生は他の学生の質問を聞くようになり、他人の質問を盗み自分の質問力を高める。

－毎回異なる分野のさまざまな回答者による質問の訓練の場。

(3) 厳しく求める授業マナー

－授業中の携帯電話・スマートフォン等の操作は厳禁。

－帽子をかぶったり、ガム等を食べたりすればすぐに注意。

－講義中のおしゃべりは厳禁。

－本科目担当の教員が毎回２名同席していることは大きい。


（図Ⅲ－12）

う。質問する学生は他の学生の質問を聞くようになる。いいと思う質問を盗み自分の質問力を高める。

社会で求める人材として「質問力」のあること、とあるが、この科目はその教育の場でもある。第一部の大学教育、第二部の歴史、第三部の社会での生き方とフィールドが異なる場で様々な質問を考える。回答者も毎回交替する。

質問が互いの学びに貢献することから、質問した回数に応じて最終成績に最大10点のボーナス点を加えている。

6　単位認定と評価方法

単位を取れるか否かは学生にとって極めて重要である。

まず、本科目で単位を取得するためには認定のための前提条件をクリアしなければならない。それは、欠席が3回以内であること、かつ3回のレポートをすべて提出すること、である。(＊)

＊当たり前のことではあるが、この前提条件の運用に関して、FDであるS先生は厳密である。

単位認定のための前提条件を満たした学生については、

毎回の小テストの合計点（２点×14回＝28点満点）、毎回のＭＰの合計点（３点×14回＝42点満点）、３回のレポートの合計点（10点×３回＝30点満点）の合計に、質問によるボーナス点を加算して評価する。総合得点60点以上を合格（１００点から10点刻みで順にＳ、Ａ、Ｂ、Ｃ評価）とする。59点以下は不合格（Ｄ評価）となる。

小テスト、ＭＰとレポートはルーブリックに則り採点したあと、それらを適宜学生に返却する。この点の集計結果が自分の得点であり、常時自分の得点を把握することができる。

本科目は前期、後期とも月曜日と木曜日（年４回）に開講しているが、受講者は毎回70〜80名程度で、単位認定のための前提条件を満たさない学生は毎回数名あった。

7　授業マナー

この授業では、講義を受ける上でのマナーも厳しく求める。

授業中、携帯電話・スマートフォン等を操作したり、帽子をかぶったり、ガム等を食べたりすればすぐに注意がいく。また、講義中のおしゃべりは厳禁である。授業中の教室への出入りも原則禁止である。遅刻をしてきた場合には教室後部のドアから入り、資料をとって、受講生の邪魔にならないように静かに着席することを求める。大きな教室が割り当てられた場合には、座る席

を教室前方のみになるように指定する。(*)

＊〝仏の徳永〟には、厳しく指導することに初め戸惑いもあったが、それが当たり前になると、何のためらいもなく当然の（厳しい）指導ができるようになった。企業に永く勤めていたが、大人社会では、大人に向かって学生の教育指導のようなやり方はまずしない。だが、大学は教育の場であり、教育として必要なことは、遠慮なくやることが必要である、ということをＦＤのＳ先生から教えていただいた。

8　学生、講師を本気にさせるとよい授業になる

「試験はなくレポートで単位が取れる〝楽勝科目〟と思って初めは来たが、回を重ねる毎に本気で受講するようになった。」学生の感想である。それは学生からの質問を聞いていても、ＭＰを読んでいても実感する。明らかに回を追うごとに内容が充実してくるのである。筆者が在任中担当したどの科目より、本科目は準備、授業中の仕掛け、フォローに手間を掛け、時間を使った。丁寧に授業を作ることで学生を本気にさせていたのである。

では講師はどうして本気になったか。

まず第一は、この授業の趣旨を十分に理解してもらうことが肝要である。第一部、第二部を担

当するのは本学の教員であり、必要なら会って話をすればよい。問題は、第三部の先輩講師たちである。母校からの講師依頼に、まずは快く受諾してくれる。大変とは思いながら、反面、講師に選ばれたことを少し光栄に感じているようにも思われる。そしてその後、講義に関する様々な質問が飛んでくる。

- この授業を開く目的／ねらいは何か。
- 対象者は誰か。
- 何人程度出席する予定なのか。
- 時間はどれくらいか。
- ＯＢに求められているものは何か。
- この授業におけるＯＢの役割や立場は。
  - 大学側にとっての成果は何か。
  - 大学側にとっての目的は何か。
- 授業には学生以外に出席者がいるか。
  - 大学通論におけるＯＢ５人の役割。
  - 他の４人のＯＢと自分の関係は。
- 学生がこの授業に期待するものは何か。

など。そんなことは大体見当がつくだろう、と言いたい質問もあるが、丁寧に一つ一つ答えることはしっかり授業準備をしてもらう上で大切である。同時に、このような質問が返ってくること自体、この卒業生を講師に選んだことが正しかった、と納得する。また、30歳前後の社員であり、要請があれば所属長に派遣依頼状を送付する。

次に、授業の最後に学生たちが提出するMPをエクセルに清書して、後日、各講師にメールで送る。清書する手間は小さくないが効果は絶大である。教員からは、

「私の芝浦通論に対する感想をおくっていただき、ありがとうございます。学生諸君が真剣に聞いていてくれたことが分かり、うれしいです。」

など、他の教員からも同様の返信をいただく。そして、来年度以降も、間違いなく本気で協力していただけると確信する。

先輩講師からは、

「ありがとうございました。学生の感想を見てより頑張っていこうと思いました。お役に立てるのであればまたお手伝いしたいと思います。またよろしくお願いします。」

「感想をいただき、ありがたく思います。楽しく拝見させていただいています。読んでみて、学生さん達にいい意味での刺激を感じてもらえたようで、素直にとても嬉しかったです。一方でこの後輩さん達の期待を裏切らないように頑張って行かないといけないと心を引き締まる思いもし、私自身にとっても大変有意義な機会にさせていただきました。……。」

などのメールが返ってくる。「またお手伝いします。」という一文はどのメールにも共通している。先輩講師たちもまた、次回以降、本気で講義を担当してくれるはずである。結局は、丁寧に対応し喜んでもらうことで講師も本気になる。

この清書したMPが、所属企業の人事課にわたり、講義することがリクルート活動(*)の一環として認められ、次年度以降、大手を振って講師を引き受けてくれることになった例もある。また、社内報で本講義について紹介した例もある。

＊講義では、自分の仕事を紹介する中で企業の話はあっても、パンフレットを配布するなどのいわゆるリクルート活動は一切認めていない。

先輩講師は誰でもよいというわけではない。受講者の学部や学科の所属分布を考慮して、できるだけ専門の近い人を呼ぶようにしている。年4回の講義だと、延べ20人となる。企業人であるから、いつでも講師を引き受けてもらえるわけではない。常時、10人程度の先輩講師候補を確保しておくとよいが、現実にはなかなか難しい。趣旨を説明して各学部、各学科の教員から推薦していただく。どうしても適任者が見つけられなかったり、急に担当できない事態が起きた時は、本学出身の学内の教職員にお願いしている。

手間はかかるが、受講する学生も、講義を担当する講師も共に本気になれば、良い授業になるのは必然である。

9　講義の感想

第一部：大学・大学院・各学部の教学理念とビジョン

入学式で遥か彼方にいる学長の姿を見たことはあっても、学生が教室で直接学長の話を聞く機会はまずない。大学院研究科長や学部長は、その教員が所属する学科であれば通常の授業で接することはあっても、多くの学生には初めてである。

大学は教学の理念やビジョンを掲げ、日々教育・研究の充実・発展に努めている。それらは、学報やホームページなどのいろいろなメディアを使って発信してはいるが、実際のところほとんどの学生たちに届いているとは言い難い。だから大学側にとって、直接学生たちに教学の理念やビジョンを伝える絶好の機会となっている。しかも、長い時間自由に質問ができる。学生たちの感想には、

・大学の教学理念、目指す方向が分かった。
・大学院での教育や卒業後の進路を聞いて、大学院への進学も考えようと思った。
・各学部の教学理念や相違、どのような経緯で学部が出来たのかが分かった。

などがあり、大学側の教員にも学生たちにも有意義であったと考えられる。

第二部：歴史から見た芝浦と歴史から学ぶこと

私学の特異性は建学の理念に依拠する。したがって、自校の歴史の第一の柱は、建学者の思いや建学に至るまでの歴史、創立当初の状況について語ることである。戦前に創立された大学では、多くの場合貴重な一次資料が戦災で失われているから、数少ない資料（多くの場合、周年事業の一環でまとめられた二次資料）をベースに話をすることとなる。二次資料の場合、読み込んでいくと、そこには編者の評価、時によっては編纂を企画した者の意図が感じられることがある。事実とは何かを注意深く探りながら（これも話をする者の評価である）、また、歴史の連続性を考慮しながら講義内容を作った。ここには、批判的な評価も多々含まれる。事実（伝える側の評価が含まれているが）の羅列とともに大切なことは、その事実・歴史から何を学んだかであり、私見を交えて話すことにした。批判的な箇所には学生たちから多くの質問、意見が飛び交う。正解があるわけではないし、立場が異なれば評価や感想が違うのは当然であろう。

芝浦工業大学の歴史では、スポーツ大学として全国に名を馳せた時代、大学紛争によって破産状態になった時代、そして復興、発展、現在に至る道のりが主要な内容である。わずか3回で90年の歴史を語ることは本来無理なのだが、それでも学生たちには初めて聞くことばかりで、面白がって聞いているように思われる。学生たちの感想である。

・有元先生の先見性と建学への情熱は本当にすごい。

・芝浦が昔〝スポーツ大学〟だったとはビックリ。
・大学紛争で一度は破産した大学が、多くの人たちの努力でここまで復興したことが分かった。
・有元史郎先生が、日本の将来が工学にかかっていることを見抜いていたからこそ今の芝浦工大があるんだなと感じました。
・戦争の戦火にさらされながらも強く残り続けた芝浦工大は、その有元史郎の強い精神が根付いてるからではないか、と思った。
・自分も芝浦の永い歴史の中にいるのだと思うと、今自分はこの歴史で何ができるのかを考えるようになった。
・キャンパスにある建物や樹木などにも色々な歴史があることを知り、今まで見過ごしていたものが新しいものとして見えるようになった。

第三部：外から見た芝浦そして芝浦で学んだこと

本授業で、学生たちからもっとも高い評価を得ているのがこの第三部である。実社会を知らない大学生にとって、先輩講師たちは間近で見る数年後の自分の姿である。社会で活躍する先輩たちの話は、今この大学で何をすればよいかを真剣に考えるきっかけとなる。だから、ここでの質疑は他の2部でのそれより、はるかに生き生きとしている。学生たちの感想である。

・社会で活躍しているOB・OGは、大学時代に勉強をシッカリやっている。
―K氏：授業では前に座り、居眠りをしない。そして教科書をよく読んだ。

―S先生：つべこべ言わずとにかくやることが大切。

―YN氏：前に座る、苦手科目にあえて挑戦してそれを克服した。

―YK氏：英語も通じない国に留学し、コミュニケーション力を身につけた。

―H氏：あえて厳しい環境に挑戦して自分を高めた。

―I氏：卒業研究に着手する前から、研究テーマについて担当教授としっかり議論した。
・社会で活躍しているOB・OGは、ファクトを受け入れ、芝浦生としての生き方と自信を獲得している。
―ファクト：不本意入学、学力不足、目標の喪失…

―自信の獲得：やるべきことを見据えて頑張れば、十分に社会で通用することを実感している。


その結果、〝芝浦はよかった〟と言っていた。

10　15回目、授業の総括

最後の15回目は本科目の総括である。14回目までの講義のレビューと、上で紹介したような受講生たちの感想に皆聞き入る。自分の感想が他の受講生とほぼ同様であることで安心するのかもしれない。

この総括で重要なことがもう一つある。毎回のMPにはさまざまな感想や意見・疑問が書かれている。その中には、大学組織のことや教育の根源にかかわる事項も含まれており、教員（大学）として答えておかなければならない。これらの疑問には正面から受けて立ち、彼らを納得させる回答ができるかは、本授業の成否がかかる大きなポイントの一つである。教員の力量（見識）が試されるのである。

「OBの人たちが、特に役立った講義はほとんどないと断言している。この話しを聞いた先生方はどう思っているのか。」

「OBの話しを聞く限りでは社会に出て大学で学んだ知識が役に立つのはわずかであるというのを聞いて、『では大学では何をしているのだろう』という疑問に行き着いた。」

大学で学ぶこととは何か、学ぶ意義とは何か、という教育に関わる重要な問いである。教育学者の立派な答えはいろいろあるが、筆者は、徳永の考える大学で学ぶ意義を話す。敢えて〝徳永が考える〟としているのは、〝逃げないぞ〟という学生へのメッセージである。筆者は企業での勤務経験が永かったこともあるので、学生たちに、

「もし、大学で学んだことが役立たないのなら、なぜ、企業は高校生ではなく人件費の高い大

学生を採用するのか。」

「就職試験は何を見るために行っているのか。」

「就職試験は、大学の講義と無関係か。」

「社会で活躍している人は、大学に行かなかった人がほとんどか。」

と、まず問いかける。その上で、社会的知能レベルという視点から、私見を話している。


「授業料が高い。」

「授業料はどのように使われているのか。」

私学の授業料は安くはない。もちろん、筆者の一存で授業料を安くすることができるわけはない。筆者のできることは、

「授業料」をどのように捉え、その上でどう行動することが授業料に見合うことか、について考えるヒントを提示することである。

「工学部は高度な研究設備を整備したり、また授業では実験・演習などがあるために多額の資金が必要となる。また、いくつもの大学に合格した場合、多くは授業料の安い大学を選択するのではなく、偏差値の高い方の大学に入学している。そして、大学の財務状況はＨＰに公開されていて、直接保護者の方にも報告書が届けられている。」

と、話した上で、徳永の考える「授業料」を取り戻すためのヒントを、

・親の立場……息子／娘にどうして欲しいか。
・学生として……どうやって、費用対効果比を上げるか。
・大学は……どんな施策を打てるか。
の３つの視点から提示して議論している。

この他にも、疑問・質問は多岐にわたる
「授業を真面目にやっていない先生が……」

「ＪＡＢＥＥで授業が大変、本当に意味はあるのか？」

「大宮‐豊洲のバスを増便して欲しい。」

「豊洲でも部活ができるようにして欲しい。」

「大宮の学食が狭すぎる」

答えられることより、責任を持っては答えられないことの方が多い。答えられない時は、関連部局に伝えることを約束する。学生たちの声を聞いて学ぶことも多い。まさに「教学半」である。

この科目は、学生を〝目覚めさせる〟〝危険な授業〟である。この〝目覚めた〟学生に迎合せずにいかに納得させせるか教員のレベルが試される。

11 「芝浦工業大学通論」の評価

（図Ⅲ－13）

最後の授業を受けた後の学生の感想である。

【受講生の評価】（○）

・私は大学に入った時、非常にコンプレックスを感じていましたが、この授業を受け、今何を学ぶべきか知った時、大学の必要性、大学で学ぶ意味を知りました。自分のいる場所を知る為の手段の一つとしてこの授業は役に立ちました。

・芝浦の歴史、今の芝浦、芝浦のＯＢのお話を通して、大学時代に学ぶべきこと、仕事についての心構えなどいろいろ考える機会となった。これからしっ

「芝浦工業大学通論」の評価

大学を好きになってくれた学生はいる

(1) 受講生の評価は（○）

・自分の居場所を知る為の手段の一つとしてこの授業は役に立ちました。
・大学の印象もですが、芝浦への愛着も少し湧いてきました。
・自分は芝浦工業大学の学生だ、と自信をもって言えるようになった。

(2) 学外からの評価は（多分○）

・「…学生に対しては学部共通科目“芝浦工業大学通論”において学長、学部長が理念・目的などについて講義をおこなうなどの試みがおこなわれている。」　大学評価（認証評価）の結果報告書の一文である。

(3) 学内での評価は（×に近い△）

・ほとんどの教職員は、（最近は全学科目となったため、科目名を聞いたことくらいはあっても）知らない。

（図Ⅲ－13）

かり勉強しようと心から思う。
・この授業に出て、今まで自分は自分の大学のことを全然知らなかったんだと気づかされた。そしてそれを知って、自分は芝浦工業大学の学生だ、と自信をもって言えるようになった。
・この授業を受けて、大学の印象もですが、芝浦への愛着も少し湧いてきました。この授業をとって良かったです。
・芝浦工業大学の歴史や大学の運営、工学について学ぶことが出来て、芝浦工業大学について興味が湧いた。大学で学ぶことの意味を考えさせられた。

概ね、受講生からの評価も高く、自校科目の意図が学生に届いていると思われる。

【学外からの評価】（多分○）

「…学生に対しては学部共通科目〝芝浦工業大学通論〟において学長、学部長が理念・目的などについて講義をおこなうなどの試みがおこなわれている。」

大学評価（認証評価）の結果報告書の一文である。学外の方が授業参観に来られたこともあった。本学では２００６年から開講しており、自校教育の取り組みは比較的早い方であろう。学外からの評価は多分〝○〟と思われる。

【学内での評価】（×に近い△）

毎年何人かの教員が受講し、「大学のことがよく分かった」との声をいただいている。特に第一部は学長をはじめとする講師は教学側の責任者で、大学の今の取り組みや今後の指針などについて、これだけまとまって聞く機会は他に余りない。新任の教員には併せて本学の歴史も知る機会となっている。

しかし、これはほんの数人で、ほとんどの教職員は、（最近は全学科目となったため、科目名を聞いたことくらいはあっても）知らない。あるいは、〝徳永先生の趣味〟程度の認識と思われる。すでに19回（２０１５年秋現在）を数える「芝浦検定試験」も、受験者は大半が芝浦工業大学通論の受講者で、教職員が受験したのは、第１回目のみである。ただ、２０１３年からは、この科目が全学全学科（それまでは原則、工学部の学生が対象）に向けた科目になったことで、その認知度は高くなっている。

なぜ評価が低いのかは、大学の文化とも無関係ではないように思う。本科目は２００６年から開講したが、開講に至るまでのイバラの道があった。

立教大学で自校教育を始められた寺﨑昌男先生の一文を目にし、２００３年から（単位の認定もない）自主科目として芝浦工業大学の歴史を何回か講義した。受講した（犠牲になった）のは、当時の私の研究室の学生を中心に同じ学科の学生である。感想を聞くと確かな手応えがあった。２００４年には、当時の学長にも登壇していただき、また先輩講師も招いて現在の原型となる講義をし、ＭＰも受講生に書いてもらった。その感想には極めて高い評価が書かれていた。それを持って、「芝浦工業大学通論」の開講を大学に提案したが（前職の大学では、まず新設科目については教務委員会に諮られる）却下、翌年、試行科目として認められ、教授会で審議されたが、2回にわたる教授会での延々の議論の末、(＊)かろうじて過半数の賛成を得て、２００６年は試行科目、２００７年から正式な共通科目として認められたのである。

＊通常、新設科目の提案はほとんど議論もなく全員賛成で承認される。

大学の構成員（特に教員）は、大学の歴史や大学全体に関わる授業の必要性をそれなりに認めていたとしても、それを誰が主催するかについてはまた別の（感情的）判断尺度があるようである。つまり、企業からやってきて日もまだ浅い新参者が、大学全体に関わるような授業を開講するということは、古手の教員には受け入れ難かったのであろう。

「自分の努力でできること」と考え、この授業を開講しようとしたが、この程度のことも、大学の中で実現するにはいろいろな壁があることを実感した。しかし毎年、受講した何人かの学生が、「芝浦が好きになった」と言ってくれたので、その後も続けて10年が経過した。

12 おわりに

大半を占める不本意で入学した学生に、本心、「この大学に来てよかった」「この大学で学んでよかった」「この大学が好きだ」と言わせたいとの思いで自校科目を開講した。10年を経て、芝浦工業大学の身丈や文化になじむ形の科目になったと考える。

どの大学でも自校教育は大切である。それにはいろいろな形があっていい。ただ、それが本当に根付くためには、それぞれの大学の文化になじみ、学生にも大学側にとっても有用と言えるものとなることが必要である。

なお、この「芝浦工業大学通論」は、筆者が退職した後、2016年度もS先生、O先生に引き継がれ開講している。

この章では、自校教育に関わる現場の生々しい実態を少し詳細に述べた。そこにはきれいごとでは済まされない様々な壁があることを伝えたかったからである。これから自校科目を開講しようと考えている方に、その壁を乗り越えるヒントになれば幸いである。

【参考】「芝浦検定試験」

図Ⅲ-14は「芝浦検定試験」の問題例である。本学の創立者などのベーシックな問題も多いが、中には極めてマニアックな問題もあり、これまで19回行われた試験で100点を取った者はいない。問題集（およそ300問）は学内のサイトから入手することができる。

今後の課題としては、これまでの問題について加筆修正して問題をさらに洗練すること、近年の出来事についても問題として加えることが必要である。また将来的には、本学を卒業した校友まで含めた全学に広め根付かせること、などである。

「芝浦検定試験」問題例

①本学の創立者は[　　　]である。
②本学の校歌の作詞者は［　　　］、作曲者は山田耕筰である。
③本学の校歌は、第一興商系列のカラオケ店（“ビッグエコー”など）において、リクエストNo.［　　　］で歌うことができる。
④本学の校章は、『大学を[　　]が取り巻く』様子がデザインされたものである。
⑤大宮キャンパスは1966年（昭和41年）に、豊洲キャンパスは[　　　]年に開校した。
⑥昭和３０年代から昭和４０年代にかけて、野球部は東都大学リーグで３度の優勝を果たしたが、そこで活躍した[　　　]氏は、オリックスの監督、ジャイアンツのヘッドコーチなどを歴任した。（ちなみに、イチローの父も本学の卒業生である。）
⑦本学の第16代学長は、1973年にノーベル物理学賞を受賞した[　　　]氏である。
⑧本学の創立記念日は11月[　　　]日である。
⑨本学の創立70周年の記念に、[　　　]というサクラの木が開発され、現在、大宮キャンパスと芝浦キャンパスに植えられている。
⑩豊洲キャンパス研究棟の高層階の高さは、［　　　］mで、豊洲校舎では最も高い。

〈解答〉① 有元史郎　② 北原白秋　③ 5091-17　④波　⑤ 2006　⑥ 伊原春樹　⑦ 江崎玲於奈　⑧ 4　⑨シバウラサクラコユキ　⑩ 67.5

（図Ⅲ－14）

第3章　身の丈に合ったことをやろう　実践！障害者支援

1　はじめに

国連において平成18年に採択され、平成20年に発効した「障害者の権利に関する条約」（略称：障害者権利条約）は、障害者の権利に関する包括的・総合的な国際条約として、国内外の障害者施策を前進させることとなった。

我が国においては、平成19年に障害者権利条約に署名した後、締結に向けた国内法の整備が進められ、平成23年には条約の差別禁止に係る規定の趣旨を取り込む形で障害者基本法の改正が行われた。

「障害を理由とする差別の解消の推進に関する法律」（略称：障害者差別解消法）は、障害者基本法第4条に掲げられた基本原則を踏まえ、差別の禁止に関するより具体的な規定を示し、それが遵守されるための具体的な措置を定めている。この「障害者差別解消法」は、平成28年4月から施行され、私立大学には「障害者に対する不当な差別的取扱いを禁止すること」「障害者への合理的配慮を努力目標とすること」が求められている。（＊）（図Ⅲ-15）

＊「障害者差別解消法」が成立するまでの経緯や法の趣旨については、参考文献[1]に詳しい。

大きな規模の大学では従前から障害を持つ学生を受け入れていて、そのための立派な施設や部署があり、障害者に対する厚い支援がなされている。小さな規模の大学の多くは、障害を持つ学生がいなかったり、一人二人と少ないために個別に対応している。学生数が数千規模の大学になると、障害を持つ学生がそれなりの数となり個別に対応するには限界があって、少し組織だった対応が求められる。しかし、障害を持つ学生に対応するための特別な〝室〟や〝課〟を作るまでの余裕はない。筆者の勤めていた前職の大学では、学生課の職員が業務の一部として担っている。また、障害の種類によっては学生・教職員健康相談室が対応している。（図Ⅲ-16）

障害者権利条約における「合理的配慮」

【障害者権利条約第２条（抜粋）】

「合理的配慮」とは、障害者が他の者との平等を基礎として全ての人権及び基本的自由を享有し、又は行使することを確保するための必要かつ適当な変更及び調整であって、特定の場合において必要とされるものであり、かつ、均衡を失した又は過度の負担を課さないものをいう。

障害者差別解消法、障害者雇用促進法　2016年４月施行

	不当な差別的取扱い	障害者への合理的配慮
国立大学	禁止	法的義務
私立大学	禁止	努力目標

（図Ⅲ－15）

このことは、障害者支援に関するシンポジウムなどへの参加校にも表れている。大規模大学、小規模大学の参加は余りない。中規模校の参加が大多数である。どこまで、どのように「合理的配慮」をすればよいか、そこを知りたいからである。同様の悩みを抱える大学が集まって勉強会も開かれている。ここでは、一番悩ましい中規模校の取り組みについて本音でその実態を紹介する(＊)。

＊前職の大学は3学部から構成されており、それぞれの学部は独立した教学理念の下に教育研究を進めている。全学に共通する教育研究に係る施策などは教育イノベーション推進センターが担っており、センターを構成する一部門である教育学習支援部門が「障害者支援」について主に担当している。その部門長として、どのようなことに留意し

どこまで／どのように支援するか

…・　一番悩ましいのは中規模大学

■大学の規模により支援内容は異なる

－大規模大学では立派な施設や部署があり、既に厚い支援がなされている。

－中規模大学になると、障害を持つ学生がそれなりの数となり個別に対応するには限界があって、少し組織だった対応が求められる。

→ 一番悩ましいのはこの中規模大学での対応。

－小規模大学では、障害を持つ学生が少ないために個別に対応している。

■中規模の大学では、（健康相談室はあるが、障害学生支援室などは無く）学生課教務担当の業務の一つとして対応することが多い。

（図Ⅲ－16）

て障害者支援を進めていたかの紹介である。

2　障害者支援の〝基本哲学〟を理解しておくこと（図Ⅲ－17）

大学の中には障害者支援について関心が高い教職員、あるいはそれを専門分野としている教員が存在する。一方、他の教職員は誰でも皆障害者には少しでも厚い支援をしなければならないと思っている。だから、障害者支援に関して造詣の深い教職員が、立派な意見、理想的な支援方法などを会議の場などで開陳するとそれに同調する雰囲気が広がることがある。

立派な意見に沿った支援、理想的な支援ができるのであれば、当然そうしたいしそうすべきであろう。しかし、ほとんど余力のない中規模大学では、それを実現するための人も予算も無

障害者支援の“基本哲学”を理解しておくこと

・21 世紀は「人権の普遍化と国際化」の時代で あり、「冷戦終結後の『相対化の時代』において、『人権』のみが唯一揺るがない普遍的な価値原理である」との指摘がある（深田三徳、1999 年)。こうした中で、障害者権利条約は、国連が採択した 21 世紀最初の主要な人権条約である。

・「国民は、知る権利をもっている。しかし知る能力が引き出されないところで、知る権利を言うことは幻想でしかない。この意味において子どもの権利は人権の基底であり、子どもの発達と学習の権利は、人権中の人権といわねばならない。」（堀尾輝久・兼子仁、1977 年）

⇩

高等教育機関で学ぶことは障害者にとって人権保障の要

（図Ⅲ－17）

いのが現状である。嫌な役目だが、その雰囲気を現実に引き戻さなければならないこともしばしばである。その時どうするか。

この分野の専門家ではないが、少なくとも議論がワンサイドにならず負けない（言われっぱなしにならない）ためのベースが必要である。そのベースとなるのは、障害者支援についての歴史的な背景と基本哲学[2]を理解しておくことだと認識している。

一言で言えば、

・21世紀は「人権の普遍化と国際化」の時代であり、「冷戦終結後の『相対化の時代』において、『人権』のみが唯一揺るがない普遍的な価値原理である[3]」との指摘がある。こうした中で、障害者権利条約は、国連が採択した21世紀最初の主要な人権条約である。

・「国民は、知る権利をもっている。しかし知る能力が引き出されないところで、知る権利を言うことは幻想でしかない。この意味において子どもの権利は人権の基底であり、子どもの発達と学習の権利は、人権中の人権といわねばならない。[4]」

だから、「高等教育機関で学ぶことは障害者にとって人権保障の要となっている」程度は最低限押さえておく必要がある。

3　どこまで／どのように支援するかについての認識を全学で共有すること

障害者支援に関する問い合わせ、障害者支援に係る議論、などはいつ、誰に飛んでくるか予測はできない。そして、その答えや意見はその人が所属する大学としてのもの（公式見解）と相手には受け取られる場合がある。だから障害者支援については、どこまで、どのように支援するかについての認識を全学で共有しておくことは必須なのである。特に大学幹部の人たちには、その基本スタンスと支援の限界についてしっかりレクチャしておくことが必要である。公の場での発言、特にリップサービスをしてしまうと、その後の現実の対応が難しく、現場が混乱するからである。

前職の大学は全学生数が8千名強の中規模大学で、在籍する障害学生には、視覚障害者、聴覚障害者、肢体不自由者、病弱・虚弱者、発達障害者がおり、自らの申告により実際に支援しているのは、視覚障害者、聴覚障害者、発達障害者である。

発達障害者は学生・教職員健康相談室の専門のカウンセラーが対応している。授業時の直接的な支援はしないが、発達障害の種類や程度により必要に応じて担当教員に当該学生の情報を伝えている。また、発達障害の全般的な特性や対応上の注意事項については、教授会などでカウンセラーが説明する機会を設けている。なお、この障害を持つ学生の中には、他に知られたくないと考えてる者もいて、大学側ですべてを把握しているわけではない。

肢体不自由者には、授業のたびに教室の前方に車椅子が入れるよう周囲の学生が机を移動して対応している。授業そのものの支援はほとんど必要としていない。

授業での支援が必要なのは視覚障害者と聴覚障害者である。その支援は学生課教務担当の業務の一つとして行っている。重度の視覚障害者は２０１５年度に初めて入学してきたため、この障害者に対する支援については当該学生といろいろ話し合いながらノウハウを蓄積しつつあるというのが実情である。前職の大学が聴覚障害者に対してノートテイクによる支援を始めたのは２０１０年からで、その後聴覚障害者支援を中心に障害者支援に関する取り組みが整備された。具体的には、学生・教職員健康相談室の設置、聴覚障害学生支援のための教職員向けガイドブックの作成、専任カウンセラーの配置、ピアスペースの運用開始、全新入生を対象にした「メンタルヘルス」授業の開講、などである。

前職の大学の場合、聴覚障害者に対して、ノートテイクによる授業支援を行っている。ノートテイクでは、学生の中から支援者を募り、講習会を開いて技能を習得させている。また、学生課で授業の担当割や謝礼金の支払いなどの業務を担当している。(*) なお、「手話」の支援まではしていない。手話は外部の手話専門家を雇用しなければならず、そこまでは余力がないからである。

できること、できないことを明確にして、当該者には事前に支援できる範囲を充分に説明することが重要である。（図Ⅲ－18）

＊障害者を支援するためにはさまざまな準備が必要である。

・学生の支援者への説明書：情報保障者の手引き（聴覚障害学生に対する支援）

・支援を申告した障害学生との面談で使う資料：障害学生ヒヤリングシート

・支援の必要な講義の申請書：講義時における支援申請書

・講義を担当した時に提出する書類：ノートテイカー出勤明細書（1回の授業支援につき2500円と交通費の実費が支払われる。）

・新学期が始まる前の2月と9月にノートテイクの

どこまで／どのように支援するか
認識を全学で共有すること

■学生課教務担当の業務の一つとしてできる範囲は限られるが、教員（特に専門学科の教員）が頑張ればかなりの支援は可能。
　→　教員の協力次第。

■大切なことは、当該者には事前に支援できる範囲を充分に説明し納得してもらうこと。
　－オープンキャンパスでの説明会など（応募前、応募時）。
　－入学時での個別説明。

■支援業務を（フローとして）“見える化”しておくことは重要。
　→　支援内容の認識を共有。
　→　議論やノウハウの蓄積に有用。

（図Ⅲ－18）

講習会を開催する。
（1〜2か月前からHPや学内掲示で参加者を募る。）

学生課教務担当の業務の一つとしてできる範囲は限られるが、教員（特に専門学科の教員）が頑張ればかなりの支援が可能である。支援の程度は教員次第、というのも事実であろう。ある学科の卒業研究発表会では、卒業研究発表会情報保障支援者リストが作られ、聴覚障害学生の情報保証のために4人が一組となり、音声認識を使いながらPCノートテイクを行った。約100人の発表すべてに対応するため、その4人の組が4つ作られ、交替しながら支援したのである。ここまでやり通すには一人の教員の大きな熱意があったからで、他の教員にはなかなか真似のできない支援であった。

「手話」による支援はしないが、ノートテイク支援という範囲の中であっても、どこまで支援するかは担当する教職員の支援に臨むスタンスに大きく依存している。対外的に大学としてどこまで支援するかについてのアナウンスは、皆のコンセンサスを得ながら決める必要がある。

支援する内容についての認識を全学で共有するために有用なのは、支援業務をフローとして〝見える化〟しておくことである。支援内容の認識を共有する有力な手段となること、支援業務

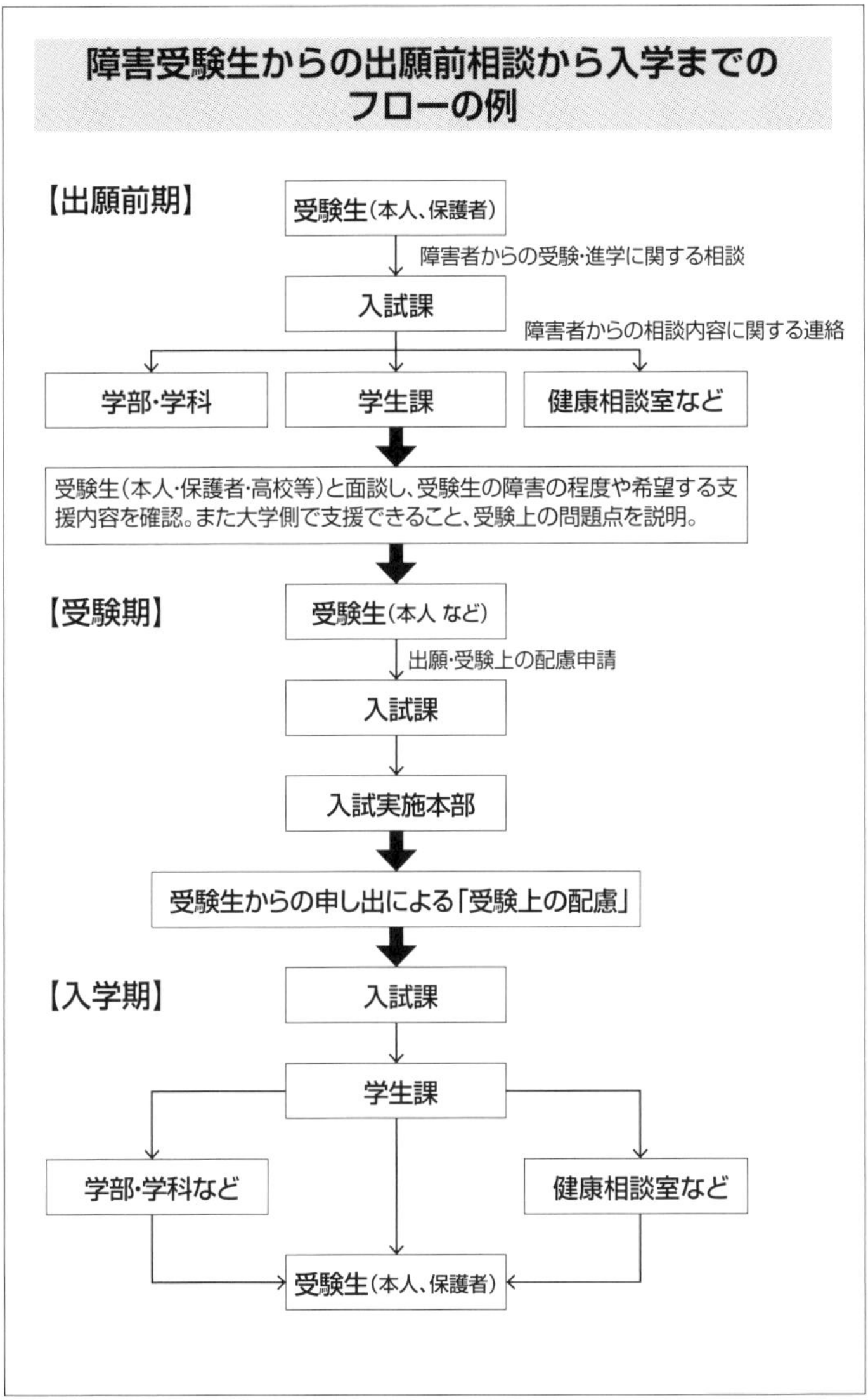
障害受験生からの出願前相談から入学までのフローの例
【出願前期】
受験生（本人、保護者）
障害者からの受験・進学に関する相談
入試課
障害者からの相談内容に関する連絡
学部・学科
学生課
健康相談室など
受験生（本人・保護者・高校等）と面談し、受験生の障害の程度や希望する支援内容を確認。また大学側で支援できること、受験上の問題点を説明。
【受験期】
受験生（本人 など）
出願・受験上の配慮申請
入試課
入試実施本部
受験生からの申し出による「受験上の配慮」
【入学期】
入試課
学生課
学部・学科など
健康相談室など
受験生（本人、保護者）

（図Ⅲ－19）

障害学生支援に関する情報共有フローの例

Ⅰ．障害学生からの相談

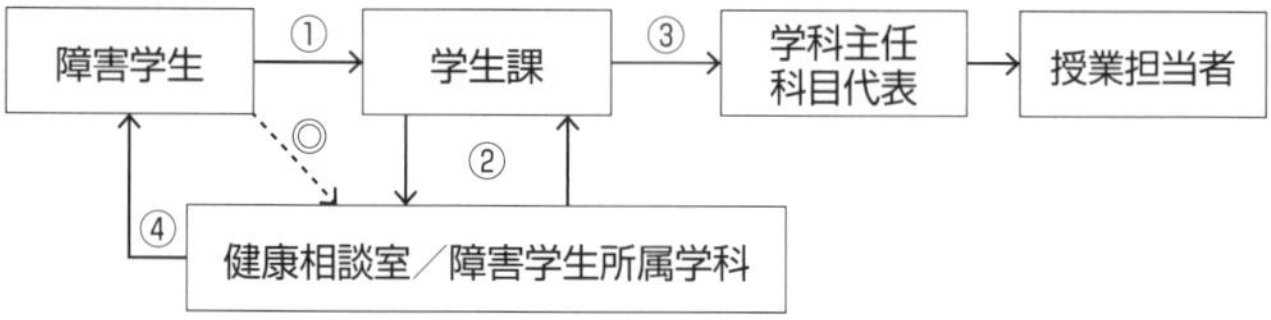

①学生からの配慮要請　②学生の了解の下に情報の共有　③学科主任等より授業担当者に合理的配慮の要請　④必要に応じ健康相談室などによる支援（②以前から点線◎のように支援が始まっている場合も想定）

Ⅱ．教員からの障害学生に関する相談

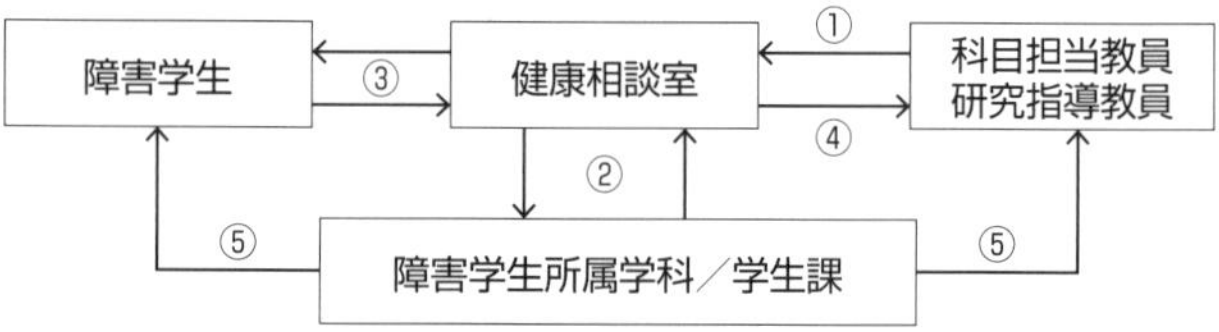

①教員から健康相談室に障害が疑われる学生について情報提供　②カウンセラーの判断で所属学科／学生課に情報提供　③必要に応じカウンセラーが当該学生の状況を確認　④カウンセラーから教員に情報提供とアドバイス　⑤必要に応じ所属学科／学生課が支援

Ⅲ．聴覚障害学生から学生課への相談（ノートテイク部分）

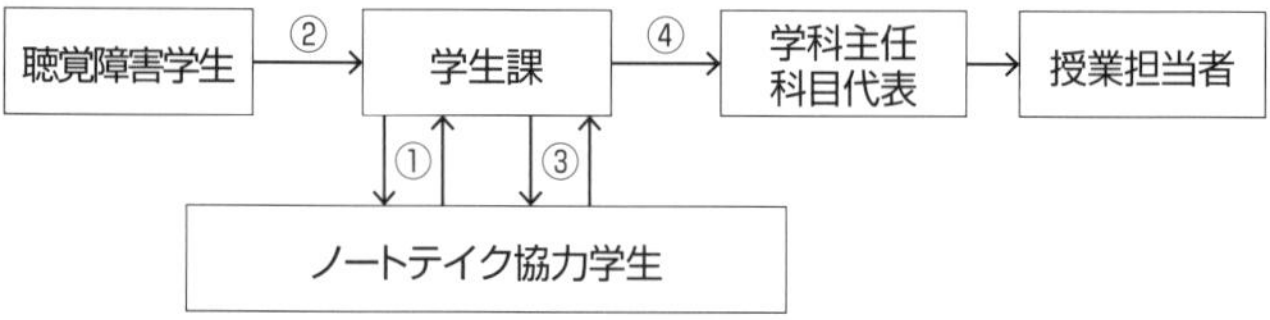

①学生課からノートテイク協力学生にスケジュールの照会　②障害学生から学生課に支援要請（履修計画の提出）　③学生課が両者のスケジュールを調整しノートテイカーを決定　④学生課から教員にノートテイカーが授業に同席することを伝達

（図Ⅲ－20）

のステップを理解した上で相談者に対応できること、議論したり支援ノウハウを蓄積する上で有用なこと、などその利点は多い。また障害者から相談を受けた時、対応する者によって生じる支援内容に関する説明のブレを抑える効果もある。

本学では、障害者支援の窓口を担っている学生課が中心となって、「障害受験生からの出願前相談から入学までのフロー」（図Ⅲ-19）と「障害学生支援に関する情報共有フロー」（図Ⅲ-20）が整理されている。

4　可能な支援／合理的配慮のレベルは相対的に決まる

私立大学には障害者に対し「合理的配慮」を努力目標として支援することが求められている。障害者権利条約第2条には、その「合理的配慮」を、「障害者が他の者との平等を基礎として全ての人権及び基本的自由を享有し、又は行使することを確保するための必要かつ適当な変更及び調整であって、特定の場合において必要とされるものであり、かつ、均衡を失した又は過度の負担を課さないものをいう。」とある。この〝努力目標〟についての対応の解釈は、偉い先生方も立場によって少し異なる。

A先生：私学といえども近々〝法的義務〟に準拠した対応が求められる。（そのつもりで準備す

べし）

B先生：私学にはそれぞれの事情があり、〝無理のない範囲〟で対応すればよい。ただし、当該者には事前に支援できる範囲を充分説明すること、〝無理のない範囲〟について説明できるようにしておくこと。

入学式の挨拶などを字幕で表示し障害者支援を前面に出している大学や、多数の教職員スタッフを抱えた支援室を持つ大学がある。さらに米国には、大学全体が障害者の城とも言えるロチェスター工科大学、国立聾工科大学もある。しかし、リソースの限られた私立大学では、少しでも多くの深い支援をしたいという気持ちはあっても、そこには自ずと限界がある。したがって、B先生の言われる「私学にはそれぞれの事情があり、無理のない範囲で対応すればよい。」道を選ばざるを得ない。そして、「当該者には事前に支援できる範囲を充分説明すること、〝無理のない範囲〟について説明できるようにしておくこと。」という立場で取り組まざるを得ない。

入学を希望する障害者に、自学のできる支援について十分に説明し、納得をした上で受験し入学してもらうことが大切である。その上で、入学後は当該学生に関する情報について守秘義務に留意し、授業や大学生活に必要な部分の情報を当該学生の承諾を得ながら教職員の間で共有し、支援するしかない。

一方で、「努力目標」も「無理のない範囲」も絶対的に決まるわけではない。社会の状況や他大学の支援状況などによっても、そのレベルは変動すると考えられる。社会の対応状況を常に注視することも、現実問題として重要であると認識している。

5　おわりに

平成28年4月から「障害者差別解消法」が施行された。すでに組織として取り組み、十分な支援がなされている大学、あるいは障害のある学生がほとんど在籍してない大学にとっては、この法律も特別に意識する必要はないであろう。

しかし、障害のある学生がそれなりの数在籍してはいるが、組織として十分な支援が難しい私学の中規模大学にとっては、この法律を意識した取り組みが必要となる。

【参考文献】

（1）障害者差別解消法解説編集委員会編著：『概説　障害者差別解消法』法律文化社　２０１４

（2）青野　透：ＳＰＯＤフォーラ２０１５「障害学生への配慮と大学教育の本質」２０１５・８・28

（3）深田三徳：『現代人権論―人権の普遍性と不可譲性』弘文堂　１９９９

（4）堀尾輝久、兼子仁：『教育と人権（現代法叢書）』岩波書店　１９７７

あとがき

企業に永く勤めた後大学の教員となった。企業のセンスから見ると、大学はとても不思議な組織である。そんなことをしていたら企業だと倒産（でも大学はつぶれない！）、と思われることも度々であった。それが大学文化だ、と自分に言い聞かせ、まずは担当する授業、自分の研究室をしっかり充実させることに専念していたつもりであった。しかし、色々なことがあって大学法人の常務理事や入試センター長などを時には担い退職した。その後、大学の特命担当の特任教授を3年間務め、平成28年3月に完全に大学から離れた。

在職期間中に学内での委員会などで話をしたことや考えたこと、まとめたことはたくさんあったが、それを外部に公表することは一切しなかった。徳永の言葉が、大学としての言葉と受け取られ大学に迷惑がかかることを危惧したからである。

今は全くフリーの立場である。誤った認識があるかもしれない。間違った記述があるかもしれない。本書で述べたことは総て筆者の考えであり責任である。

大学には社会的責務があり、大学は卒業した学生たちの故郷である。だから大学は存続し続け、少しでも輝く大学になるよう在職する教職員、在学生が努力しなければならない。本書が少しでもそのお役に立つことができれば幸いである。

平成28年10月吉日　徳永　幸生

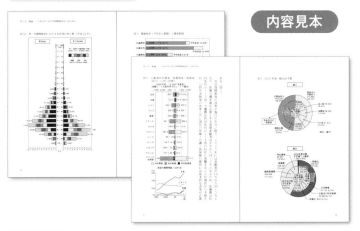

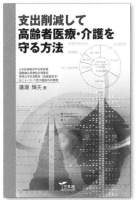

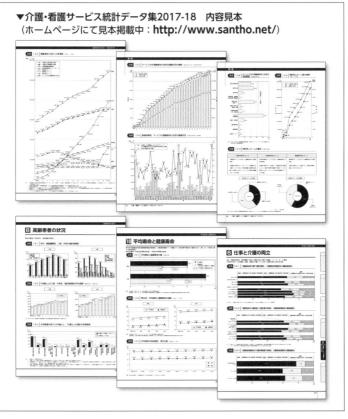

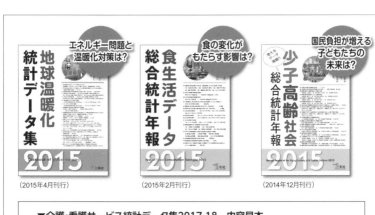

徳永　幸生（とくなが　ゆきお）

1947年生、東京工業大学 修士課程修了、工学博士。
NTTヒューマンインタフェース研究所・研究企画部長、映像処理研究部長の後、芝浦工業大学工学部情報工学科教授に就任。学校法人芝浦工業大学・常務理事、入試センター長、教育イノベーション推進センター・教育学習支援部門長などを歴任。現在、芝浦工業大学名誉教授。大学の経営改善のコンサルティングを行うため教育経営革新機構を設立、代表に就任。

大学力アップ〝珠玉の方法〟

平成28年11月10日　初版印刷
平成28年12月 5 日　初版発行

著　者：徳永 幸生
発行者：佐藤 公彦
発行所：株式会社 三冬社
〒104-0028
東京都中央区八重洲2-11-2 城辺橋ビル
TEL 03-3231-7739　FAX 03-3231-7735

印刷・製本／中央精版印刷

◎落丁・乱丁本は弊社または書店にてお取り替えいたします。
◎定価はカバーに表示してあります。

ISBN978-4-86563-021-3